Monika Judä

Das Tomaten Kochbuch

Die besten Rezepte

Weltbild

Inhalt

Gebraten, geschmort oder einfach pur: Tomaten sind immer wieder ein gesunder Genuss.

Tomaten lassen sich ausgezeichnet mit vielen Gemüsesorten kombinieren.

Inhalt

3

Vorwort

Wir können uns heute kaum noch vorstellen, dass es bei uns einmal Gärten ohne Tomaten gegeben hat. Tatsächlich aber haben wir die Tomate, wie so viele heimische Kulturpflanzen, der Entdeckungslust spanischer Seefahrer zu verdanken – allen voran Christoph Kolumbus. Er brachte die Tomatenpflanze, gleichzeitig mit der Kartoffel, Ende des 15. Jahrhunderts aus Südamerika mit. Dort kannten die Inkas und Azteken ihre »tomatl« schon lange als essbare Frucht.

Anfängliche Skepsis

In Europa begegnete man der Tomate, die damals noch winzig kleine Früchte trug, allerdings zunächst mit einigem Misstrauen. Der strenge Geruch von Stängel und Blättern und vor allem die Eigenart, dass sie über Nacht ihre Farbe von Grün in Rot ändern kann, waren den Bewohnern der Alten Welt nicht geheuer. So beschränkten sich einige Angehörige des spanischen Adels zunächst darauf, die dekorativen Tomatenstauden mit ihren hübschen Blättern und Blüten als Zierstauden für ihre Gartenlauben und Separees anpflanzen zu lassen. Die Früchte hielt man allgemein für giftig. Zumindest die Damen der feinen Gesellschaft konnten der neuen Zierpflanze einen praktischen Nutzen abgewinnen: Sie schmückten ihr Haar bei Festen mit Kränzen aus Tomatenblüten.

Nur wenige Genießer kosteten die Früchte des exotischen Gewächses. So wuchs ihre Anhängerschaft erst ganz allmählich.

Verzögerter Siegeszug

Im ausgehenden 16. Jahrhundert traf die Tomate in Neapel auf ihre zukünftige kulinarische Traumpartnerin, die Nudel. Zudem nahm in Italien zur selben Zeit die gewerbliche Herstellung der Pasta ihren Anfang. Von nun an gewann die Tomate langsam aber sicher an Boden – zumindest im Mittelmeerraum, der Türkei, dem Iran, in Syrien, Ägypten, Arabien und Nordafrika sowie in Westafrika. Ihre Eignung für die mediterrane Küche wurde von bekannten Gastronomen und Gourmets der damaligen Zeit gerühmt.

Bis die Tomate jedoch auch in die Gärten und Küchen der nördlicheren europäischen Länder Einzug hielt, sollte es noch weit bis in das 19. Jahrhundert hinein dauern. Dann aber war ihr Siegeszug nicht mehr aufzuhalten. Kurz vor Ausbruch des ersten Weltkrieges wurde die Tomate bereits in großem Umfang angebaut.

Durch den raschen Ausbau des Schienennetzes bildeten sich regionale Schwerpunkte. Südeuropa, Algerien und die Kanarischen Inseln wurden durch ihr günstiges Klima zu den Hauptanbaugebieten für die Versorgung von ganz Europa.

Volksnahrungsmittel Tomate

Die Not in der Zeit nach dem ersten Weltkrieg verhalf der Tomate schließlich zum Durchbruch und machte sie zum Volksnahrungsmittel. Von jetzt an war die Tomate auch aus deutschen Küchen nicht mehr wegzudenken.

Ihre Beliebtheit führte in klimatisch milderen Regionen zum Massenanbau im Freiland. Weiter im Norden errichtete man zur Sättigung des steigenden Bedarfs an der vielseitigen und schmackhaften Frucht unzählige Gewächshäuser. Denn im Glashaus kann die Pflanze gut gedeihen, und hier hat sie im Laufe der Zeit eine überaus große Anpassungsfähigkeit entwickelt.

Glatthäutige Schönheit

In den Jahren darauf erprobten Züchter ihr Können an der Tomate, sodass wir heute auf einen riesigen Sorten-, Formen- und Farbenreichtum zurückgreifen können: Strauchtomaten, Eiertomaten oder Kirschtomaten bilden geschmackvolle Gegenpole zu den uniformen Sorten aus dem Massenanbau. Rote, gelbe, rosafarbene, grüne, weiße, schwarze und sogar gemusterte Tomaten sind eine Freude für das Auge und den Gaumen und fordern die Kunst großer Köche heraus.

Auf der anderen Seite kann es für Gartenfreunde eine schöne Herausforderung sein, sich gerade dem Anbau alter, ursprünglicher Tomatensorten zu widmen. Die Suche nach dem entsprechenden Saatgut wird belohnt, wenn man verloren geglaubte Genüsse wieder entdeckt.

Liebling der Meisterköche

Noch umfangreicher als ihr Variantenreichtum ist das Repertoire der Tomate an köstlichen Zubereitungsmöglichkeiten, und es gibt nur sehr wenige Menschen, die freiwillig auf sie verzichten würden. Die lange Zeit so sträflich vernachlässigte Frucht ist aufgrund ihrer Konsistenz und ihres süßsauren Geschmacks so vielseitig wie kaum eine andere Küchenzutat: Tomaten lassen sich nicht nur zu ausgezeichneten Saucen, Salsas und Ketchup verarbeiten. Sie schmecken auch pur, mit etwas Salz oder Olivenöl beträufelt, eignen sich hervorragend für Suppen, aromatische Schmorgerichte und Aufläufe, schmecken gefüllt oder gegrillt als Vorspeise oder Beilage, verfeinern Sommersalate und Mischgemüse, lassen sich einlegen, trocknen oder zu gesunden Cocktails mixen und sind als Belag für Pizza & Co. die Stars der mediterran inspirierten Küche.

Die Möglichkeiten der Tomate sind schier unermesslich. Deshalb können die Rezepte dieses Buches nur eine kleine, wenn auch feine Auswahl darstellen. Darüber hinaus sind sie als Anregung und Ansporn für Koch und Köchin gedacht, einmal der eigenen Fantasie und Kreativität am Herd freien Lauf zu lassen. Dies gilt für die alltägliche Familienküche ebenso wie für Feinschmecker.

Das unscheinbare kleine »tomatl« von ehemals hat einen weiten Weg zurückgelegt. Heute können wir ihm endlich die kulinarischen Ehren zukommen lassen, die es verdient.

Ein Siegertyp

Superstar Tomate

Vom Liebesapfel zur Kultfrucht

Einst sagte man ihr nach, sie könne Liebeskräfte entfachen, ja sogar »Liebeswahnsinn« auslösen: Ein Grund für die Kirche, die Tomate im Mittelalter vorübergehend zur »Pflanze des Satans« zu erklären und ihren Genuss zu verbieten. Das hatte nur wenig Erfolg, denn gerade wegen ihres schlechten Rufes gewann die Tomate an stetig wachsender Beliebtheit.

Kaum vorstellbar, dass die Tomate ein relativ neuer Gast in unseren Küchen ist.

Doch so richtig schätzen lernte man sie erst, nachdem die Forschung zweifelsfrei festgestellt hat, wie vielseitig und gesund die wohlschmeckende Frucht tatsächlich ist. Die steile internationale Karriere der Tomate nahm ihren Lauf.

Tomatengeschichten aus aller Welt

Die Italiener nannten die Tomate »pomo d'oro«, zu deutsch »goldener Apfel«. Diese Bezeichnung weist darauf hin, dass die ersten Tomaten in Europa (gold-)gelb waren. Die Franzosen kannten sie außerdem als »pomme des mours«, den »Apfel der Mauren«, wie auch als Liebesapfel, den »pomme d'amour«. Auch bei uns wurde und wird die Tomate gerne als »Liebes-« oder »Paradiesapfel« bezeichnet, während die Österreicher sie charmant »Paradeiser« nennen. Doch in den meisten Bezeichnungen verbirgt sich – wie im deutschen Wort »Tomate« auch – noch immer die alte aztekische »tomatl«: »Tomato« heißt sie in England, »tomaatti« in Finnland.

Multitalent mit Schattenseiten

Wie auch immer man sie nannte, in den vergangenen Jahrhunderten begegnete man den Früchten des exotischen Nachtschattengewächses mit sehr gemischten Gefühlen. Die einen liebten sie wegen ihrer bereits erwähnten aphrodisierenden Wirkung, für die anderen war sie schlicht eine Giftpflanze. Der Glaube, Tomaten machten krank, kam dabei nicht von ungefähr, denn sowohl die unreifen Früchte als auch die Blätter und Stängel der Pflanze enthalten ein giftiges Alkaloid. Als man jedoch erkannt hatte, dass nur im Umgang mit der unreifen Frucht Vorsicht geboten war, verflog die Zurückhaltung. Rund um den Globus ließ die Tomate ihre kulinarischen Verführungskünste spielen und wurde in den meisten Küchen der Welt zur Kultfrucht.

Heute ist der einstige Liebesapfel mehr als nur ein Fest für Sinne und Gaumen. Neben dem Ehrgeiz der Köche fordert die Tomate ebenso den ihrer Züchter heraus. In zahlreichen Traditionen und Redensarten spiegeln sich ihre Beliebtheit und ihr Stellenwert wider.

Tomatenrekorde

Die Tomate lässt das Herz jedes ambitionierten Züchters höher schlagen, lassen sich doch aus ihr tausendundeine Varianten in den verschiedensten Farben, Formen und vor allem Größen zaubern. So kommt es auf Wettbewerben immer wieder einmal zur Präsentation wahrer Riesentomaten. Eine davon brachte ein Rekordgewicht von knapp 2800 Gramm (so gesehen 1997 in den USA) auf die Waage! Über den Geschmack des Riesen ist aber nichts bekannt.

Die »Tomatina«

Jedes Jahr am letzten Mittwoch im August bewerfen sich nach alter Tradition die Einwohner des spanischen Städtchens Buñol voller Begeisterung eine Stunde lang mit Tomaten. Mit dem Schlachtruf »Tomaten, Tomaten, wir wollen die Tomaten!« beginnt um Punkt zwölf Uhr mittags das Spektakel. 120 Tonnen reifer Tomaten werden dabei in die Straßen gekippt. Woher der Brauch der »Tomatina« stammt, ist allerdings unbekannt.

Treulose Tomate?

Nicht »du treulose Gurke« oder »du treulose Kartoffel« heißt es – nein, ausgerechnet die Tomate musste für diese wenig schmeichelhafte Redensart herhalten. Deren Ursprung findet sich einem der vielen Deutungsversuche zufolge während des Ersten Weltkriegs. Da hielt sich Italien, obwohl mit Deutschland verbündet, zunächst aus dem Kriegsgeschehen heraus und ergriff schließlich Partei für die Gegenseite. Zur selben Zeit waren in Italien Tomaten schon fester Bestandteil der regionalen Küche, während sie sich in Deutschland erst durchsetzen sollten.

So kam eines zum anderen. Die Wortbrüchigen hießen von da an – »treulose Tomaten«.

Vom rekordverdächtigen Riesen bis zur winzigen Kirschtomate: In ihrer Vielfalt an Sorten, Farben und Formen ist die Tomate fast unübertroffen.

Paradiesische Vielfalt

Botanisch gesehen gehört die Tomate zur Gattung »Lycopersicon lycopersicum« (Wolfspfirsich), während die Tomatensorten, die wir essen, zur Art »Lycopersicon esculentum« (essbarer Wolfspfirsich) zählen. Noch ist die Gattung Lycopersicon nicht ganz erforscht. Zusammen mit unserer Kulturtomate rechnet man ihr derzeit neun weitere Arten zu. Die meisten lassen sich gut miteinander kreuzen und bringen so robuste Arten hervor, die auch sehr widerstandsfähig gegen Pflanzenkrankheiten sind.

Die Kunst der Züchter macht's möglich: Heute gibt es unzählige Tomatensorten für jeden Garten, für Kübel- und Bodenkultur und für jeden kulinarischen Zweck.

Außerdem sind zurzeit rund 1000 wild wachsende Tomatensorten bekannt. Vor allem in der südamerikanischen Heimat der Tomate werden immer wieder neue Varianten entdeckt. Für den Verbraucher jedoch zählen die geschmacklichen Eigenschaften der Frucht sicher mehr als die botanischen Unterschiede.

Frucht oder Gemüse?

Die Tomate ist die Frucht einer strauchartigen oder kriechenden Pflanze. In tropischen Regionen baut man sie als zweijährige, in den gemäßigten Zonen als einjährige Pflanze an. Sie benötigt für ein gesundes Wachstum viel Sonne und Wärme. Wie Kartoffeln, Paprika oder Auberginen zählt die Tomate zu den Nachtschattengewächsen (Solanaceae). Botanisch betrachtet ist die Tomate eine Beere: Ihre Samen sind in weiches Fruchtfleisch eingebettet, das von einer Fruchthaut umhüllt wird. Damit zählt die Tomate im Grunde genommen zu den Früchten. Für diese Zuordnung spricht auch, dass sie von ihrer Zusammensetzung her vielen Obstarten ähnelt: Sie enthält reichlich Fruchtsäuren und Zucker. Allerdings passt ihr Geschmack eher zu würzigen Speisen; deshalb wird sie fast ausschließlich wie Gemüse zubereitet. So taucht sie in vielen Büchern – wie auch die Gurke oder Paprika – unter der Rubrik »Fruchtgemüse« auf.

Internationaler Spitzenreiter

Weltweit zählt die Tomate heute zu den wichtigsten Kulturpflanzen. Die Weltjahresernte beträgt beinahe 90 Millionen Tonnen, wobei die Mittelmeerländer, die USA, China und Russland die Hauptproduzenten von Freilandware sind. Die Niederlande und Belgien betreiben in großem Umfang den Tomatenanbau unter Glas.

Auf deutschen Märkten werden auch sehr viele Tomaten aus Italien und Spanien verkauft.

Glaubt man den Statistiken, so verzehrt jeder Bundesbürger durchschnittlich 16 bis 18 Kilogramm Tomaten pro Jahr, davon gut die Hälfte frisch, den Rest in Form von Ketchup, Tomatensaft und -mark.

Selbst in den unwirtlichsten Regionen der Welt möchte heute niemand mehr auf den Genuss frischer Tomaten verzichten. Sorgsam in Seidenpapier gehüllt und in Kisten verpackt, werden die Früchte sogar bis in die Polarregionen transportiert.

Tomatensorten im Überblick

Sie haben klangvolle Namen wie Goliath, Jackpot, Moneymaker, Pink Ponderosa oder Schneewittchen. Dabei umfasst die Palette der weltweit mehreren tausend Tomatensorten eine Fülle von verschiedenen Formen und Größen: von kleinen Kirsch- oder Cocktailtomaten über ovale Eiertomaten und runde Strauchtomaten bis hin zu den großen Fleischtomaten, die glatt, gerippt, gefurcht oder gar innen hohl sein können.

Im Handel finden sich Tomaten allerdings nur selten unter ihren Sortennamen. Sie sind in den meisten Fällen durch ihr Herkunftsland sowie ihre Art gekennzeichnet.

Größe und Farbe

Tomaten kommen in Größen von 20 Millimetern bis zu 20 Zentimetern Durchmesser vor. Dabei hängt die Größe vor allem von der Anzahl der Fruchtkammern ab. Farbliche Variationen entstehen aus geflammten und ungeflammten Sorten. Solange sie noch unreif sind, zeigen die geflammten Früchte am Kelchende dunkelgrüne Streifen auf hellgrünem Grund, ungeflammte Sorten sind dagegen vor der Reife einheitlich grün. Im reifen Zustand gibt es neben den roten Sorten auch Züchtungen, die eine Farbpalette von hell- oder zitronengelb über orange, braunrot und rosa bis zu dunkelviolett abdecken. Verantwortlich für die Farbe sind die Stoffe Lykopin und Karotin im Fruchtfleisch und in der Schale. Die Intensität der Farbe hängt vom Reifegrad der Frucht ab. Einige Sorten bleiben auch im reifen Zustand grün.

Rundtomaten

Die runden, kugelförmigen Tomaten sind hierzulande handelsüblich. Im Winterhalbjahr kommen sie vorwiegend aus Spanien, insbesondere von den Kanarischen Inseln. Da sie einen langen Transportweg hinter sich haben, sind sie entsprechend teuer. Während dieser Zeit haben sie leider oft schon einen Teil ihrer wertvollen Inhaltsstoffe abgebaut. Außerdem wurden sie unter Umständen zusätzlich chemisch vorbehandelt, um die weite Reise ins Gemüsefrischregal zu überstehen. Ihr Pluspunkt besteht darin, dass sie in ihrer warmen Heimat lange am Strauch ausreifen konnten und so noch etwas Sonnenaroma in unsere kalten Gefilde mitbringen.

> Nutzen Sie die alljährliche Tomatenschwemme! Im Hochsommer gibt es die wohlschmeckenden Freilandtomaten zu günstigen Preisen, sodass Sie Vorräte anlegen können.

Das Tomatenangebot in den Sommermonaten stammt überwiegend aus niederländischem oder belgischem Freiland- oder Treibhausanbau. Zwar entfallen hier die langen Transportwege, doch vor allem die Treibhausware überzeugt nicht immer durch Qualität. Wer Tomaten frisch aus dem eigenen Garten genießen kann, weiß, wie groß die Unterschiede in Aroma und Geschmack sind. Allerdings haben sich die als wässrig verpönten »Einheits-« oder »Hollandtomaten« im Vergleich zu früher gebessert – das veränder-

11

te Verbraucherbewusstsein zeigt immer mehr Wirkung.

Weltweit sind die Rundtomaten am beliebtesten. Sie haben eine glatte, feste Schale und viele Kerne, die sich mitsamt der geleeartigen Fruchtflüssigkeit leicht herauslösen lassen. Ihr Geschmack ist angenehm säuerlich. Sie eignen sich vorzüglich als Rohkost sowie für Salate, Suppen und Gemüsegerichte aller Art. Neben den bekannten roten Sorten findet man mittlerweile auch häufiger gelbe Tomaten.

Bekannte Sorten sind zum Beispiel Carotina, Hildares und Königin von Sainte Marthe.

Die länglichen Flaschentomaten eignen sich gut zur Zubereitung von Suppen und Saucen. Große Mengen können Sie auf Vorrat kochen oder einfrieren.

Strauch- oder Rispentomaten

Diese intensiv duftenden Früchte sind ungefähr so groß wie Rundtomaten und werden mitsamt der Rispe angeboten. Dank einer speziellen Züchtung reifen alle Früchte gleichzeitig, sodass man die gesamte Traube ernten kann. Die grünen Stängel und der intensive Duft der Strauchtomaten suggerieren dem Verbraucher besondere Frische. Sie sehen ja auch fast aus wie aus dem eigenen Garten. Qualitativ sind diese Tomaten jedoch nicht mehr und nicht weniger hochwertig als normale Rundtomaten. Entsprechend kann man die aromatischen und schnittfesten Strauchtomaten auch wie diese verwenden.

Bekannte Sorten sind Furore, Grappoloni und Moneymaker.

Flaschen- oder Eiertomaten

Hier stand die länglich-ovale Form für die Bezeichnung Pate. Flaschen- oder Eiertomaten werden hauptsächlich in Italien und Frankreich angebaut. Die fleischigen, aromatischen Früchte sind im Vergleich zu den übrigen Sorten weniger saftig, enthalten auch weniger Kerne und wandern meist unmittelbar nach der Ernte in die Konserve.

Bekannte Sorten sind Cigalon, Roma und San Marzano.

Kirschtomaten

Vorwiegend aus Italien und den Niederlanden stammen die kleinsten Tomaten, die Kirsch-, Cocktail- oder Cherrytomaten. Die mit oder ohne Rispe angebotenen gelben, orangefarbenen oder roten Früchte schmecken süßer und fruchtiger als alle anderen Sorten und eignen sich daher besonders als Rohkost oder als wohlschmeckende Dekoration. Bekannte Sorten sind Benary, Evita, Lylia, Sweet 100, Weiße Mirabelle und Yellow Canary.

Fleischtomaten

Das andere Extrem bieten die großen Fleischtomaten, die mehr oder weniger stark gerippt sind. Die weniger gerippten Sorten sind bei den meisten Käufern beliebter, da sie dickwandiger sind und besonders viel Fruchtfleisch enthalten. Wegen ihres geringen Fruchtsäureanteils schmecken sie eher mild bis leicht süßlich. Zudem sind sie relativ arm an Kernen und Saft und daher ausgezeichnet zum Schmoren, Füllen oder Überbacken geeignet.

Bekannte Sorten sind die Ananas-tomate, Brandywine, Master, Pyros und Weiße Schönheit.

Longlife-Tomaten
»Langlebige« Tomaten sind durch Züchtung (nicht durch gentechnische Manipulation) dahin beeinflusst worden, nach der Ernte im ausgereiften Zustand noch bis zu acht Wochen lang frisch und fest zu bleiben. Allerdings geht diese Eigenschaft stark auf Kosten des Geschmacks. Die langlebigen Tomaten haben wenig Aroma, schmecken weniger süß und sind leider immer ein wenig wässrig. Auch zum Kochen und Schmoren sind sie nicht so gut geeignet. Daher setzen die großen

Anbauländer doch lieber auf so genannte »Semi-Longlife-Tomaten«. Sie haben mehr Aroma, sind dafür aber nicht ganz so langlebig. Bekannte Sorten sind Prince, Princess, Thomas und Vanessa.

Hybriden
Diese Züchtungen haben hinsichtlich Anbau, Ertrag und Pilzresistenz verbesserte Sorten hervorgebracht, die allerdings auch ihren Preis kosten. Man kann sie nicht aus eigenen Samen ziehen, da ihnen sonst die gewünschten Eigenschaften fehlen. Deshalb müssen sie jedes Jahr von neuem gekreuzt werden. Bekannte Sorten sind Big Beef, Patio und Tumbler.

Verwandte Arten
Tomatillo Mit der Urtomate verwandt ist die aus Mexiko stammende Tomatillo, die vor allem in dem Gebiet um den Rio Grande und in Texas angebaut wird. Die leicht säuerlich schmeckende Tomatillo hat einen Durchmesser von nur etwa drei Zentimetern. Sie ist fester und glänzender als die Tomate und wird meistens unreif, also grün geerntet. Im reifen Zustand ist sie gelblich oder violett gefärbt und von einem dünnen, pergamentartigen Häutchen, dem Blütenkelch, umschlossen. Tomatillos sind reich an Kalium und Vitamin C und schmecken roh im Salat oder gegart in Saucen und Schmorgerichten.

Tamarillo Die Baumtomate wächst heute vor allem in Südamerika, Neuseeland, Australien und Südostasien. Die Arten mit den orangefarbenen und dunkelroten Früchten sind bei weitem die bekanntesten. Sie ähneln den länglichen Eiertomaten, haben ein festes Fruchtfleisch und ein süßsaures Aroma. Ihre harte, bittere Schale ist nicht zum Verzehr geeignet, sie lässt sich aber leicht abziehen. Reife Tamarillos enthalten sehr viel Vitamin A und C und können roh für Salate oder gegart in Saucen verwendet werden. Tamarillos schmecken auch pur sowie leicht gesüßt in feinen Obstsalaten oder zu Cremes und Puddings.

Züchterstolz

Tomaten unter der Lupe

Tomatenfans in aller Welt sind sich einig: Saftige, sonnengereifte Tomaten frisch vom Strauch sind eine Köstlichkeit. Gleichzeitig sind sie aber auch sehr gesund. Die Früchte stärken erwiesenermaßen die Gesundheit und sollen angeblich sogar vorbeugend gegen Herzerkrankungen, Infektionen und manche Krebsarten wirken. Für unser Wohlbefinden (und für unser gutes Aussehen) gibt es kaum etwas Besseres als den regelmäßigen Genuss von Tomaten. In den letzten Jahren wurden jedoch auch kritische Stimmen laut, die den Mangel an Aroma von Treibhausware oder die Genmanipulation von Tomaten anprangerten.

Tomaten machen schlau! Mit ihrem hohen Gehalt an lebenswichtigen Vitaminen sind die Tomaten auch für unser Gehirn echte Fitmacher.

Ausgewogen essen

»Nimm fünf am Tag« heißt die aktuelle Empfehlung, die Ernährungswissenschaftler für eine gesunde Ernährung geben: Lieber öfter und weniger essen als ein- oder zwei mächtige Mahlzeiten, die schnell heruntergeschlungen werden. Idealerweise sollte fünfmal am Tag eine kleine Mahlzeit mit Obst- und/oder Gemüsezutaten auf den Tisch kommen. Das beugt Heißhungerattacken vor und sorgt für einen ausgeglichenen Blutzuckerspiegel. Man bleibt leistungsfähig und fühlt sich den ganzen Tag über wohl.

Ganz wichtig ist dabei allerdings, dass die Nahrungsmittel abwechslungsreich zusammengestellt und unterschiedlich zubereitet sind, also roh, gekocht, als Saft etc. So gestaltet sich der Speiseplan ausgewogen, und man hat nie das Gefühl, dass etwas fehlt. Nur mit Tomaten lässt sich unser täglicher Nährstoffbedarf daher nicht decken. Wer sie jedoch als regelmäßigen Bestandteil seiner Ernährung mit einplant, ist auf der sicheren Seite.

Vitalstoffe für das Wohlbefinden

Die Natur hat mit den aromatischen Symbolfrüchten des Sommers die reinsten Gesundheitspakete geschaffen: Tomaten sind reich an wasserlöslichen Vitaminen und an Mineralstoffen, an Ballaststoffen für eine gesunde Verdauung und an sekundären Pflanzenstoffen. Gleichzeitig sind sie fettarm, enthalten so gut wie keine Kohlenhydrate und sind frei von schädlichem Cholesterin. In appetitlicher Verpackung liefern sie viele wertvolle Inhaltsstoffe für unser Immunsystem, unser gutes Aussehen und Wohlbefinden. Besonders angenehm ist, dass ihr Kaloriengehalt mit durchschnittlich 17 Kilokalorien (71 Kilojoule) pro 100 Gramm ausgesprochen gering ausfällt. Deshalb machen sich Tomaten im Rahmen einer Diät oder einer figurbewussten Ernährung hervorragend auf dem Speiseplan.

Die »inneren Werte« von Tomaten

Vitamine	Gehalt je 100 g	Durchschnittlicher Tagesbedarf
Vitamin A	0,09 mg	1 mg
Vitamin E	0,80 mg	12 mg
Vitamin B1	0,06 mg	1,2 mg
Vitamin B2	0,04 mg	1,6 mg
Vitamin B6	0,10 mg	1,7 mg
Niazin	0,50 mg	15 mg
Folsäure	0,05 mg	0,4 mg
Biotin	in Spuren	0,06 mg
Vitamin C	25 mg	75 mg

Mineralstoffe	Gehalt je 100 g	Durchschnittlicher Tagesbedarf
Kalium	242 mg	2000 mg
Kalzium	9 mg	800–1000 mg
Magnesium	14 mg	300–350 mg
Eisen	0,6 mg	10–15 mg
Zink	0,2 mg	12–15 mg

(* Nach Angaben der Deutschen Gesellschaft für Ernährung, Bonn)

Betakarotin

Betakarotin ist die Vorstufe, aus der unser Körper das wichtige Vitamin A bildet. Für das Sehvermögen ist Vitamin A unentbehrlich. Kommt es zu Mangelerscheinungen, dann leiden auch die Schleimhäute darunter. Betakarotin ist in roten Tomaten reichlich vorhanden.

Vitamin C

Das wohl bekannteste unter den Vitaminen ist ein Alleskönner. Vitamin C stärkt die Immunabwehr, macht freie Radikale (→ Seite 17) unschädlich und kräftigt das Bindegewebe und die Gefäße. Schon fünf Tomaten (etwa 300 Gramm) täglich decken den empfohlenen Tagesbedarf an diesem lebenswichtigen Vitamin. Neueren Erkenntnissen zufolge behindert Vitamin C auch die Bildung gefährlicher Nitrosamine im Magen und soll das Immunsystem sogar bei der Bekämpfung von Krebszellen unterstützen.

Kalium

Kalium reguliert den Wasserhaushalt im Körper und sorgt dafür, dass Nährstoffe in die Zellen transportiert und Abbauprodukte ausgeschieden werden können. Zugleich wirkt Kalium blutdrucksenkend. Tomaten enthalten sehr viel Kalium und können deshalb entwässernd wirken.

Heilende Wirkstoffe der Tomate

Sekundäre Pflanzenstoffe kommen reichlich in frischem Obst und Gemüse vor und erfüllen im Verbund viele wichtige Aufgaben für unsere Gesundheit. Diese teilweise noch unerforschten Substanzen (etwa 10000 sollen es insgesamt sein) können heilend und stärkend wirken. Manche sekundären Pflanzenstoffe bekämpfen Bakterien und Viren, andere sollen vor Krebserkrankungen schützen, wieder andere stärken unser körpereigenes Abwehrsystem oder »fangen« freie Radikale.

Karotinoide zur Krankheitsvorbeugung

Eine wichtige Untergruppe der sekundären Pflanzenstoffe sind die Karotinoide – gelbe bis rote Farbstoffe. Sie kommen in verschiedenen Gemüsen und Früchten vor, neben den Tomaten z.B. auch in Paprika, Auberginen, Möhren, Kürbis und Aprikosen.

Zur Gruppe der Karotinoide gehören unter anderem Lykopin und Betakarotin. Sie sind für die schöne rote Farbe vieler Tomatensorten verantwortlich und außerdem für den Schutz der Pflanzenzellen zuständig. Eben diese Schutzfunktion üben sie auch im menschlichen Organismus aus.

Tomaten setzen das in ihnen enthaltene Lykopin und Betakarotin am besten frei, wenn sie vorher gegart werden. Denn beide Karotinoide sind hitzebeständig, weshalb sie im Gegensatz zu anderen Vitalstoffen beim Kochen nicht zerstört werden.

Auch in gegarter Form sind Tomaten ein besonders gesunder Genuss. Etwas Pflanzenöl sollte immer als Begleiter eingeplant werden. Besonders gut passt natürlich Olivenöl.

Außerdem sind Lykopin und Betakarotin fettlöslich und können nur in Verbindung mit etwas Fett gut vom Körper verarbeitet werden. Deshalb sollte man allen Tomatengerichten ein wenig (!) pflanzliches Fett zusetzen.

Wunderwaffe Lykopin

Vor allem das Enzym Lykopin hat als kleines Wunderwerk der Natur von sich reden gemacht. Diese Eiweißverbindung löst biochemische Reaktionen im Körper aus, die sich als wirksam in der Krebsvorbeugung erwiesen haben. Lykopin schützt die Körperzellen vor freien Radikalen und kann so Magen- und Darmkrebs vorbeugen. Auch beim Abbau von LDL-Cholesterin, das wesentlich an der Entstehung von Arteriosklerose beteiligt ist, wirkt Lykopin hilfreich mit. Im Kampf gegen den Grauen Star ist es von Bedeutung, da für

diese Augenerkrankung freie Radikale mit verantwortlich gemacht werden. Überdies unterstützt Lykopin wirkungsvoll das Immunsystem, indem es die Schleimhäute für die Abwehr von krank machenden Eindringlingen stärkt.

Radikalfänger Flavonoide

»Freie Radikale« sind tatsächlich so gefährlich wie sie klingen. Diese aggressiven Sauerstoffverbindungen greifen die Körperzellen an und machen sie anfällig für Bakterien und Viren. Im schlimmsten Fall können betroffene Zellen sogar zu Krebszellen mutieren, und auch eine Schädigung des Erbguts ist möglich. Freie Radikale bilden sich vor allem unter Stress oder bei Krankheiten. Sie gelangen aber auch durch Zigarettenrauch, übermäßige UV-Strahlung und andere schädliche Umwelteinflüsse in den Körper.

Es gibt eine ganze Reihe von Nährstoffen, die wie das oben genannte Lykopin als so genannte Antioxidanzien wirken. Sie fangen im menschlichen Organismus freie Radikale ab und unterbinden so deren zerstörerisches Treiben. Zu den wirksamsten Radikalfängern zählen neben den Karotinoiden die Vitamine C und E sowie die Flavonoide, die ebenfalls reichlich in der Tomate vorkommen. Flavonoide werden vor allem beim Kochen oder Zerkleinern der Früchte freigesetzt und sind in Tomaten-

> Sekundäre Pflanzenstoffe haben vor allem die Aufgabe, die Pflanze vor Krankheiten zu schützen. Die gleiche Wirkung entfalten sie auch in unserem Organismus.

TIPP

Schon die in 200 Gramm Tomaten enthaltene Menge an Lykopin bietet einen äußerst wirkungsvollen Gesundheitsschutz. Allerdings sollte man den Organismus täglich damit versorgen. Wer eine Lykopinkur ohne Tomaten durchführen möchte, kann sich auch mit Lykopinkapseln aus der Apotheke versorgen. Sie sind allerdings nur ein schwacher Ersatz, da der Körper die natürlich in Tomaten vorkommende Substanz besser verwerten kann.

Sekundäre Pflanzenstoffe

säften oder -saucen (sogar im viel geschmähten Ketchup!) besonders wirksam.

Neben ihrer Eigenschaft als Radikalfänger wirken Flavonoide entzündungshemmend und stärken das Immunsystem. Diese Wirkung der Tomate kennt man schon seit dem 18. Jahrhundert. Schon zu dieser Zeit setzte man die Frucht bei Hautausschlag und Bindehautentzündung ein.

Hilfreiche Säuren

Erst kürzlich haben die Biologen in Tomaten die Chlorogensäure und die para-Cumarsäure entdeckt. Ebenso wie das Vitamin C scheinen diese Säuren die Bildung von krebserregenden Nitrosaminen im Magen zu reduzieren. Nitrosamine entstehen in dem sauren Magenmilieu aus der Kombination von Nitrit und so genannten sekundären Aminen. Nitrit wird als Pökelsalz bei der Konservierung von Fleisch- und Wurstwaren eingesetzt. Die sekundären Amine findet man beispielsweise im Käse. Verstärkt wird die Nitrosaminbildung, wenn Lebensmittel, in denen beides enthalten ist, gemeinsam erhitzt werden. Gerichte wie Toast Hawaii oder Pizza mit Schinken (Nitrit), Käse (sekundäre Amine) und Ananas (Säure) gelten daher als wahre Nitrosaminbomben. Doch auch nach dem Verzehr von dunkel und kross gegrillten gepökelten Fleisch- oder Wurstwaren entstehen die gefährlichen Verbindungen. Als gefährlichste Nitrosamin-Lieferanten gelten allerdings Zigarettenrauch und Biergenuss.

Auch für Diabetiker ist die Tomate ein wertvolles Nahrungsmittel.

Tomaten können die Schäden, die eine übermäßige Nitrosaminzufuhr im Körper anrichtet, sicher nicht ungeschehen machen. Doch im Salat oder als Vorspeise sind sie ein gesunder Partner neben »kritischeren« Gerichten und können so dabei helfen, die Nitrosaminproduktion im Körper zu senken.

Fruchtsäuren – die Appetitmacher

Es sind die Fruchtsäuren, die mit dazu beitragen, dass uns beim Biss in eine saftige Tomate buchstäblich das Wasser im Mund zusammenläuft. Vor allem die Zitronen- und Apfelsäure, die beide in der Tomate enthalten sind, regen die Magensäfte an und bereiten den Verdauungsapparat so auf seine Arbeit vor.

Der typische süßsaure Tomatengeschmack entsteht durch den hohen Gehalt an Zucker und Fruchtsäuren. Je reifer die Tomate ist, desto mehr Zucker enthält sie, und desto geringer fällt ihr Säuregehalt aus. Das ist vor allem für diejenigen Tomatenliebhaber wichtig, die Säuren nicht gut vertragen und unter Sodbrennen leiden. Bei gegarten Tomatengerichten kann auch die Zugabe von etwas Zucker oder Honig ein wenig von der Säure nehmen und sie verträglicher machen.

Wer Probleme mit Nierensteinen hat, sollte beim Verzehr von Tomaten allerdings sehr zurückhaltend sein. Neben den appetitanregenden Fruchtsäuren steckt in den Früchten auch Oxalsäure. Diese ist bekannt dafür, bei einer entsprechenden Veranlagung die Bildung von Nierensteinen anzuregen.

Ein kritischer Blick

Bekanntlich ist nicht alles Gold, was glänzt. Diese Weisheit trifft auch auf den »pomo d'oro« zu. Nur eine frische, von der Sonne verwöhnte Tomate aus dem eigenen Garten oder aus biologischem Anbau kann ein wahres Füllhorn an wertvollen Inhaltsstoffen sein. Leider haben die wässrigen und eher geschmacklosen Einheitstomaten schon manchem eingefleischten Tomatenfan den Appetit verdorben. Rückstände aus Pestiziden, wie sie im Massenanbau verwendet werden, und die heftig entbrannte Diskussion um die Genmanipulation in der Landwirtschaft tun ein Übriges und sorgen dafür, dass Tomatenfreunde heute genau prüfen, was sie kaufen und essen.

Die »Hollandtomate«

In den riesigen Gewächshausanlagen, wie man sie vor allem in Belgien und den Niederlanden antrifft, reiften Tomaten bis vor wenigen Jahren in Rekordzeit heran. Reiche Erträge waren Trumpf. Um sie zu erwirtschaften, setzten die holländischen Gemüseerzeuger seit den sechziger Jahren Nährlösungen und Chemikalien ein und schafften gleichzeitig künstliche klimatische Bedingungen für ihre Pflanzen. Das erlaubte häufige Ernten bei geringsten Ausfallraten an verdorbenen Früchten.

Den Schaden hatte trotz allem der Verbraucher. Denn bei diesen Tomaten blieb nicht nur der Geschmack, sondern auch ein Großteil ihrer wertvollen Nährstoffe auf der Strecke. Die faden Einheitstomaten – ein Ergebnis falscher Sortenwahl und Kultivierungsmethoden – hatten so gut wie nichts mehr mit richtigen Tomaten gemein. Als die Nachfrage schließlich drastisch zurückging, reagierten die Landwirte entsprechend. Mittlerweile entsprechen die einst als »Hollandtomaten« verpönten Früchte einerseits den Erfordernissen des Massenvertriebs (lange haltbar und stoßfest) und sind andererseits hinsichtlich Geschmack, Farbe, Duft und Aussehen von guter Qualität.

Wer Tomaten selbst anbaut, weiß genau, was »drin« steckt, und kann auf Pflanzenschutzmittel verzichten.

Warum Biotomaten?

Das bei vielen Gemüsebauern übliche Düngen und die chemische Schädlingsbekämpfung sind für den Verbraucher weiterhin problematisch. Doch müssen herkömmlich kultivierte Tomaten oft noch mehr über sich ergehen lassen: Da reife Tomaten druckempfindlich sind und leicht faulen, wird ein Großteil der Früchte unreif, also noch grün und fest, geerntet. In einigen Ländern werden sie zusätzlich radioaktiv bestrahlt, mit dem Reifungshormon Ethylen begast oder auf andere Art chemisch behandelt. So werden hohe Ernteerträge erzielt, und die

Frische, von der Sonne verwöhnte Tomaten, möglichst aus biologischem Anbau, besitzen alle Inhaltsstoffe, die gesunden Genuss erwarten lassen.

Früchte sind transporttauglich. Dass diese Prozedur zu Lasten des typischen Aromas geht, versteht sich eigentlich von selbst.

Für Tomaten und Tomatenprodukte aus kontrolliert biologischem Anbau dagegen werden weder chemische Dünger noch Pestizide oder Fungizide verwendet. Sie dürfen in der Sonne reifen, gewinnen so ihr typisches Aroma und werden geerntet, wenn sie reif sind.

Da die Erträge im Vergleich zum herkömmlichen Anbau geringer ausfallen, haben die Früchte aus dem Bio- oder Naturkostladen natürlich ihren Preis. So stellt sich unweigerlich die Frage, wie viel uns die Gesundheit der Familie und das eigene Wohlbefinden wert sind ...

Gentechnologie und Marktgesetze

Die Tomate gehörte zu den ersten gentechnisch veränderten Nahrungspflanzen. Durch die Manipulation ihres Erbguts entstanden Früchte, die auch mehrere Tage nach der Ernte noch knackig frisch aussehen. Der Vorteil: Die Tomaten müssen nicht mehr grün geerntet werden, sondern können nun an der Pflanze reifen, ihr Aroma entfalten und trotzdem über weite Strecken transportiert werden, ohne matschig zu werden. Die gentechnisch veränderte »FlavrSavr«-Tomate einer amerikanischen Firma kam 1994 auf den Markt. Sie gilt als die erste »Anti-Matsch-Tomate« der Welt.

Für das Weichwerden von Früchten und Gemüsen ist vor allem das Enzym Polygalakturonase verantwortlich. Es löst, einfach gesagt, die pflanzlichen Zellwände auf, sodass die Tomaten verderben. Das Erbgut der Flavr-Savr-Tomate wurde so verändert, dass dieses Enzym nur noch in ganz geringen Mengen gebildet wird: Die Tomate ist länger haltbar. Nun mag man diesen Effekt für positiv halten, genauso wie die Möglichkeiten, Pflanzen zu züchten, die unempfindlich gegen Schädlinge sind und deshalb ohne chemische Mittel angebaut werden können. Doch wo Licht ist, ist bekanntlich auch Schatten: Die »Gentomate« weist, bedingt durch die längere Lagerungszeit, deutlich weniger Vitamine auf. Außerdem kann sie im Innern bereits zerfallen und faulig werden, während sie nach außen hin noch völlig einwandfrei aussieht.

Außerdem fürchten Wissenschaftler, dass Menschen, die gentechnisch manipulierte Tomaten verzehren, resistent gegen Antibiotika werden könnten, was in bestimmten Krankheitsfällen fatale Folgen haben kann. Andere kritische Stimmen führen an, dass die langfristigen Auswirkungen gentechnisch veränderter Lebensmittel auf die Gesundheit der Verbraucher und auf das ökologische Gleichgewicht noch nicht absehbar sind.

Trotzdem ist die wirtschaftliche Bedeutung der Gentechnologie auch im Pflanzenbau sehr groß, was eine sinnvolle Debatte über mögliche Risiken erschwert. Ob und inwieweit sich genmanipulierte Lebensmittel tatsächlich beim Verbraucher durchsetzen können, wird sich zeigen; derzeit haben sie noch einen schweren Stand.

Giftiges Solanin

Andere Länder, andere Sitten: In südlichen Ländern sind feste, noch leicht grünliche Tomaten für Salate besonders beliebt. Doch ist bei ihrem Genuss Vorsicht geboten. Wie alle Nachtschattengewächse (Sola-

naceae) enthalten unreife Tomaten giftiges Solanin. Dieses Alkaloid kann schon ab einer Dosis von 25 Milligramm zu Kopfschmerzen, Übelkeit und Magenbeschwerden führen. Ab einer Dosis von 400 Milligramm kann es tödlich wirken. 100 Gramm unreife Tomaten können bis zu 30 Milligramm Solanin enthalten. Mit zunehmendem Reifegrad wird der Giftstoff in den Früchten jedoch abgebaut, sodass er hier bis auf den Stielansatz kaum noch nachweisbar ist. Deshalb und der besseren Bekömmlichkeit zuliebe sollte der Stielansatz der Tomate vor dem Genuss grundsätzlich herausgeschnitten werden.

TIPP

Wenn im Herbst die Sonnenstunden weniger werden und die letzten Tomaten im Garten nicht mehr rot werden wollen, müssen Sie die grünen Früchte trotzdem nicht wegwerfen: An einem warmen Ort reifen sie nach dem Abernten weiter. Im übrigen lässt sich der Solaningehalt der unreifen Tomaten auch durch Erhitzen oder Kochen deutlich senken. Häutet man die Tomaten vor ihrer Zubereitung, reduziert das den Anteil an Solanin noch einmal um etwa zehn Prozent. Normalerweise werden grüne Tomaten gebraten, frittiert, zu Konfitüre oder würzigen Chutneys verarbeitet. Bei Gerichten aus gegarten grünen Tomaten gilt ein maßvoller Verzehr als unbedenklich.

Der richtige Umgang mit Tomaten

In Deutschland gibt es – vom Eigenanbau im Garten oder auf dem Balkon abgesehen – nur wenige landwirtschaftliche Anbauflächen für Tomaten. Das liegt unter anderem daran, dass sich nur die wärmsten Regionen für die Kultivierung eignen. Denn die Tomate ist sonnenhungrig und frostempfindlich. Ihr volles Aroma entfaltet sie nur, wenn sie reichlich Sonne tanken konnte. Daher schmeckt die Tomate in den Sommermonaten am besten, auch wenn sie das ganze Jahr über erhältlich ist. Greifen Sie zu, wenn die aromatischen Früchte Hauptsaison haben, und fangen Sie sich Sommer und Sonne für den Winter ein, indem Sie einen Teil der Ernteschwemme konservieren.

Tomaten vom Lebensmittelhändler sollten immer gründlich gewaschen werden, um eventuelle Rückstände von Pflanzenschutzmitteln zu entfernen.

Tipps für Einkauf und Lagerung

Einwandfreie Ware zeichnet sich dadurch aus, dass die Tomate unversehrt, fest und glatt ist, eine satte Farbe aufweist, aromatisch duftet und auf sanften Druck ein wenig nachgibt. Nicht zu empfehlen sind weiche, gefleckte oder angeschlagene Früchte. Sie sind in der Regel wässrig, schmecken fade und verderben schnell.

Die Hauptsaison der Tomate beginnt in unseren gemäßigten Breiten im Mai und reicht bis in den September hinein. Am besten schmecken Tomaten gegen Ende des Sommers. Leider halten reife Tomaten aber nicht lange.

So bewahren Sie Tomaten richtig auf

Lagern Sie Tomaten niemals im Kühlschrank. Hier büßen sie ihr Aroma ein. Sie mögen es dunkel und kühl bei 10 bis 13 Grad und werden im Idealfall noch am Tag der Ernte oder des Einkaufs verwendet. Schließlich nimmt ihr Nährstoffgehalt durch lange Lagerung und den Einfluss von Licht, Wärme und Sauerstoff ständig ab.

Anders verhält es sich mit grünen Tomaten. Sie reifen langsam bei Raumtemperatur nach und sind mehrere Wochen haltbar, sofern sie nicht direktem Sonnenlicht ausgesetzt werden. Um den Reifungsprozess zu beschleunigen, kann man sie einzeln mit Papier umwickeln, in einer dunklen Pappschachtel lagern oder mit einem Küchentuch bedecken.

Tomaten sondern Ethylen ab, ein so genanntes Reifungshormon. Es ist gesundheitlich völlig unbedenklich, beschleunigt aber die Reifung anderer Gemüsesorten wie Gurken oder Blumenkohl und lässt sie rascher verderben. Deshalb sollten Tomaten nicht zusammen mit anderem Gemüse gelagert werden.

Küchenhelfer für das ganze Jahr

Roh oder gekocht, pur oder mit den richtigen Kräutern, Gewürzen oder Speisen kombiniert, stehen sonnenverwöhnte Tomaten für die feine, leichte Sommerküche. Die wahrhaft paradiesischen Früchte bringen nicht nur die Sonne auf den Tisch. Sie sind bekömmlich und gesund und lassen sich immer wieder in neuen und köstlichen Variationen zubereiten. Neigt sich die Tomatensaison dem Ende zu, so bedeutet das keinesfalls, dass Sie während der folgenden Wintermonate auf die beliebten Früchte verzichten müssen. Eingemachte Tomaten und Fertigprodukte bringen uns in der kalten und tomatenarmen Zeit gut über die Runden. Tomaten lassen sich außerdem gut einfrieren, trocknen oder in Öl einlegen.

Einfrieren

Nicht nur Tomatensaucen und gegarte Tomatengerichte, auch rohe Tomaten können tiefgefroren werden. So behalten sie ihre wertvollen Inhaltsstoffe und sind eine gute Alternative zu Treibhaus- oder Dosenware sowie teuren Importen. Dazu sollte man die ganzen Früchte zwei bis drei Minuten blanchieren und dann sofort in Eiswasser tauchen, um Farbe und Aroma zu erhalten.

Je nach Garart verändert sich das Aroma der Tomaten. Beim Garen im Backofen werden sie süß, beim Schmoren mit Fleisch sehr würzig.

Nach dem Auftauen sind sie ideal zum Kochen; für Salate sind sie allerdings nicht mehr geeignet.

Trocknen und Einlegen

Zum Trocknen von Tomaten verwendet man meist Eiertomaten. In den Mittelmeerländern hängt man sie an Schnüren aufgereiht in die Sonne und lässt sie etwa drei Tage

Getrocknete Tomaten sind lange haltbar und ein aromatischer Ersatz für frische Früchte.

Tomaten trocknen – so wird's gemacht

✓ Tomaten längs halbieren, entkernen und mit der Schnittfläche nach oben auf ein Herdgitter legen, wobei sich die Hälften nicht berühren sollten.

✓ Mit etwas Salz und Pfeffer bestreuen und im Backofen auf niedrigster Temperatur und mit leicht geöffneter Tür trocknen, bis sie sich ledrig anfühlen.

✓ In sterilisierte Gläser füllen, frischen Knoblauch und nach Belieben etwas Basilikum oder Rosmarin dazugeben und mit hochwertigem Olivenöl auffüllen. Die Gläser gut verschließen.

✓ Die Tomaten an einem kühlen Ort vor dem Verzehr mindestens eine Woche lang durchziehen lassen.

trocknen. Sie sind bei uns als Trockenware und in Olivenöl eingelegt erhältlich.

Das Aroma getrockneter Tomaten ist sehr intensiv. Ein bis zwei getrocknete Tomaten genügen, um einem Gericht den typischen Geschmack zu verleihen. Er prägt sich noch stärker aus, wenn man die Trockenfrüchte vor der Verwendung 30 Minuten in warmem Wasser einweicht.

Wer sich nicht auf die heimischen Sonnenverhältnisse verlassen will, um Tomaten zu trocknen, nimmt einfach den Backofen zu Hilfe. Ein Rezept zum Einlegen getrockneter Tomaten finden Sie auf Seite 90.

Fertigprodukte »con gusto«

Im Jahre 1869 begann die amerikanische Firma Campbell, Tomatensuppe in Dosen herzustellen und zu verkaufen – eine absolute Neuheit für die damalige Zeit, in der Fertigprodukte für die Küche noch kaum gebräuchlich waren. Heute hingegen sind sie gang und gäbe, und man findet im Supermarktregal gerade an Tomatenzubereitungen eine riesige

Vielfalt. Dazu gehören ganze oder in Stücke geschnittene Tomaten in Konservendosen sowie Fertigsaucen und -suppen. Tomatenketchup und Tomatenmark, -püree oder -saft sind unentbehrliche Helfer in der leichten Küche.

Der Vorteil all dieser Fertigprodukte liegt darin, dass die verarbeiteten Tomaten in der Regel aus Ländern kommen, in denen sie reif geerntet werden. Sie sind also in den ganzen Genuss vieler langer Sommertage gekommen und konnten so ihr Aroma entfalten.

TIPP

Wenn Sie selbst Tomaten anbauen oder sie günstig bekommen können, bietet es sich an, Tomatenmark, -püree und -saft auf Vorrat selbst herzustellen. In unserem Rezepteteil finden Sie die Angaben dazu.

✓ *Tomatenpüree → Seite 42*
✓ *Tomatensaft → Seite 49*
✓ *Tomatenmark → Seite 52*

Gewusst wie – Zubereitung und Verarbeitung

In unserer Alltagsküche ist es vielfach Geschmackssache, ob man die Tomaten vor dem Garen häuten will oder nicht. In der gehobenen Küche kommt man nicht darum herum. Zwar ist es mit den Tomaten wie mit vielen anderen Gemüsen: Gerade in der Schale stecken wertvolle Inhaltsstoffe, z.B. die Flavonoide. Andererseits ist die Schale oft schwer zu kauen und im Prinzip unverdaulich. Für manche Gerichte – wie feine Suppen oder Saucen – ist es unumgänglich, die Früchte zu häuten und die Kerne zu entfernen. Mit den folgenden Methoden lässt sich das problemlos bewerkstelligen. Sie brauchen dazu ein großes Holz- oder Kunststoffbrett, vorzugsweise eines mit Saftrinne, und ein kleines, scharfes Messer mit geriffelter Schneide (Säge). Manche Hersteller haben sogar eigene Tomatenmesser im Sortiment.

Tomaten häuten

Bringen Sie in einem großen Topf Wasser zum Kochen. Ritzen Sie die Tomaten auf der Oberseite kreuzweise ein. Tauchen Sie sie dann mit dem Stielansatz nach unten auf einem Schaumlöffel etwa zehn Sekunden lang in das kochende Wasser, bis sich die Haut kräuselt. Heben Sie die Tomaten wieder heraus, schrecken Sie sie kurz mit kaltem Wasser ab und lassen sie etwas abkühlen. Mit einem spitzen Messer können Sie nun den Stielansatz der Tomaten herausschneiden. Dann wird die Haut abgezogen.

Noch schneller geht es, wenn Sie die Tomate vom Stielansatz befreien, sie auf eine Gabel spießen und dann einige Sekunden unter ständigem Drehen über eine Flamme (Gasherd) halten. Die Haut können Sie dann ganz einfach abziehen.

Tomaten entkernen

Am einfachsten geht es, wenn Sie die Früchte quer durchschneiden und dann die Kerne und das anhaftende wässrige Fruchtfleisch mit der Hand herauslösen. Den Rest schaben Sie mit einem Teelöffel heraus. Sie können aber auch die Tomate um den Stielansatz herum mit einem kleinen Messer kegelförmig einschneiden. Den Stielansatz heben Sie vorsichtig heraus. Dann drehen Sie zum Entkernen die Frucht um und pressen das Innere vorsichtig heraus.

Grüne Tomaten reifen wesentlich schneller nach, wenn man sie in der Nähe von Äpfeln oder Melonen lagert. Umgekehrt verursacht ihr Wachstumshormon auch ein schnelleres Reifen anderer Früchte

Tomaten zum Füllen vorbereiten

Wenn Sie Tomaten mit einer Gemüse-, Getreide- oder Fleischfarce füllen möchten, schneiden Sie von den Früchten auf der Seite des Stielansatzes flache Deckel ab. Danach stechen Sie den Stielansatz mit einem spitzen Messer heraus. Die Tomaten werden anschließend mit einem Teelöffel vorsichtig ausgehöhlt. Die Früchte lassen Sie umgedreht auf Küchenpapier abtropfen. Wenn Sie die Tomaten innen leicht salzen, wird das Abtropfen sogar noch beschleunigt.

Die besten Freunde der Tomate

Im Sommer, wenn die reifen Tomaten saftig und voller Aroma sind, verlocken sie schon pur zum herzhaften Hineinbeißen. Dann machen sie ihrem Namen »Paradiesapfel« alle Ehre. Was frisch aus der Hand, vielleicht mit einer Spur grobem Salz oder einem guten Olivenöl beträufelt, schon so köstlich schmeckt, kann durch das Garen oder Dünsten ebenfalls nur zur Gaumenfreude gedeihen. Einige Zutaten sind besonders dazu geeignet, das Tomatenaroma zu variieren und zu verfeinern.

Schnittlauch, Basilikum, Oregano, Rosmarin, Thymian, Knoblauch, Salbei, Lorbeer und Estragon sind ideale Begleiter der Tomate und verstärken ihren Geschmack.

Kräuter und Gewürze

Frische Kräuter aus dem Garten oder vom Balkon sollten in keiner Küche fehlen. Besonders die aus dem Mittelmeerraum stammenden Gewürzkräuter Basilikum, Oregano, Rosmarin und Thymian bilden – frisch oder getrocknet – ein harmonisches Gespann mit den sonnenverwöhnten Tomaten. Natürlich vertragen sich die Früchte auch gut mit Salz und Pfeffer sowie einer Prise Chilipulver oder gemahlenem Piment. Weniger bekannt, aber trotzdem ausgesprochen köstlich, ist Anis als Gewürz zur Tomatensuppe. Lassen Sie sich überraschen!
Weitere klassische Begleiter der Tomate sind ein gutes Olivenöl und der dunkle, würzige Balsamessig (Aceto balsamico) aus der Gegend von Modena.

Tomaten finden für süße Desserts nur sehr wenig Verwendung, und wenn, dann auch nur ganz bestimmte Sorten. Das weltweit beliebteste Gemüse wird fast immer herzhaft oder pikant genossen. Allerdings empfiehlt es sich, eine kleine Prise Zucker dazuzugeben: Zucker unterstreicht den pikanten oder säuerlichen Eigengeschmack.

Wechselnde Begleiter

Die Kombination aus Mozzarella, Tomaten, frischem Basilikum und einem Dressing aus Olivenöl und Balsamico-Essig gilt mittlerweile als Klassiker unter den Tomatensalaten. Das Original dieses Salats stammt von der italienischen Sonneninsel Capri und wird deshalb »Insalata Caprese« genannt. Der milde Mozzarella eignet sich aber auch gut zum Überbacken von Tomatengerichten. Wer es würziger mag, verfeinert Gratins und Saucen mit geriebenem Parmesan oder Pecorino, die beide gleichermaßen mit dem Tomatenaroma harmonieren. Unter den Gemüsen und Salaten finden sich viele ideale Begleiter für Tomatengerichte aller Art: Zwiebeln, Knoblauch, Oliven und auch Peperoni verleihen den meisten Salaten und Saucen erst den richtigen Pfiff. Rucola verträgt sich zwar ebenfalls gut mit frischen Tomaten, sollte aber wegen seines ausgeprägten Aromas nur sparsam verwendet werden. Gurken, Paprika und Tomaten sind ein köstliches Trio für Salate, während sich Gemüse wie Zucchini, Auberginen, Bohnen und Paprikaschoten in Eintöpfen und

Aufläufen als ausgezeichnete Verbündete der Tomate erweisen.

Auch Reis oder Kartoffeln und Tomaten passen gut zusammen, doch die Beilage aller Beilagen zu einer fruchtigen Tomatensauce ist natürlich die Nudel.

Ob einfach »Alla Napoletana«, also mit einer Sauce, die nur aus frischen Tomaten und Gewürzen besteht, ob mit pikanten Zutaten wie zum Beispiel Speck, Paprika, Sardellen, Kapern, Zucchini oder Auberginen gemischt, ob mit oder ohne Parmesan als feine Schicht darüber: Tomatensaucen zu Nudeln schmecken fast jedem und fast zu jeder Zeit. Und welche Nudelsorte sie auch bevorzugen: Die meisten Kinder (und viele Erwachsene) kann man mit Nudeln glücklich machen, die mit einer schlichten Tomatensauce aus Tomatenmark serviert werden. Das Gericht ist im Handumdrehen zubereitet und belastet die Haushaltskasse kaum.

Grenzenloses Kochvergnügen

Der Tomate kann in punkto Vielseitigkeit kein anderes Gemüse den Rang ablaufen. Von Suppen, Salaten und pikanten Zwischenmahlzeiten bis hin zu herzhaften Gratins, Nudelgerichten und der heiß geliebten Pizza schmeckt sie in jeder erdenklichen Zubereitung. Pur, gegart, überbacken oder gefüllt und verfeinert mit frischen Kräutern und Gewürzen lassen sich Tomaten täglich in immer neuen Variationen und Geschmacksrichtungen auf den Tisch bringen.

Natürlich stehen dabei Gerichte im Vordergrund, die aus der italienischen Küche stammen. Aber wenn Sie in den folgenden Rezepten stöbern, werden Sie auch andere Länderküchen kennen lernen: Frankreich ist zum Beispiel mit Grilltomaten (→ Seite 32) und dem Salat aus Nizza (→ Seite 38) vertreten (→ Seite 32 und Seite 38). Die arabische Küche stellt sich mit einer Tomatensuppe vor, die alle Freunde des Lammfleisches begeistern wird (→ Seite 46). Spanien trägt den kalten Gazpacho bei (→ Seite 51), Mexiko die Tortilla (→ Seite 75). Und auf den letzten Seiten des Buches finden Sie Saucen von allen Kontinenten.

Hinweis für den Rezeptteil

Sind in der Zutatenliste eines Rezepts auf den folgenden Seiten grüne Tomaten angegeben, so nehmen Sie dazu bitte unreife Früchte, die nicht mehr am Strauch ausreifen konnten. Für alle übrigen Rezepte können Sie nach Belieben rote oder gelbe reife Rund- oder Strauchtomaten verwenden.

Die in den Rezepten angegebenen Backtemperaturen beziehen sich auf Elektroherde mit Ober- und Unterhitze.

Eine Umrechnungstabelle für Umluft und Gas finden Sie am Ende des Buches.

Immer neue Kombinationen

Das Beste aus Tomaten

Gefüllte Tomaten mit Reis

Für 4 Personen

4 etwa gleich große Fleischtomaten • 2 EL Olivenöl
1 Knoblauchzehe • 125 g Reis • 1/4 l heiße Gemüsebrühe (Instant)
1 TL getrockneter Thymian • 1 TL getrockneter Majoran • Salz • Pfeffer
1 EL gehackte Petersilie • 100 g geriebener Emmentaler
100 g saure Sahne • 100 ml Tomatenpüree • 3 EL gehacktes Basilikum

1 Die Tomaten wie auf Seite 25 beschrieben zum Füllen vorbereiten und dabei gut abtropfen lassen. Das herausgeschabte Fruchtfleisch und den Deckel fein hacken. Öl in eine Pfanne geben und erhitzen. Den Knoblauch abziehen und durch eine Presse ins heiße Fett drücken. Den Reis hinzufügen und glasig dünsten.

2 Die Tomatenstückchen dazugeben und mit der Gemüsebrühe aufgießen. Mit Thymian, Majoran, Salz und Pfeffer würzen. Kurz aufkochen lassen, den Reis bei schwacher Hitze etwa 20 Minuten quellen lassen und immer wieder umrühren. Um ein Festkochen zu vermeiden, bei Bedarf noch etwas Gemüsebrühe angießen.

3 Sobald der Reis gar ist, die gehackte Petersilie darunter mischen. Vom Käse etwa vier Teelöffel beiseite stellen und den Rest ebenfalls unter den Reis mengen. Mit Salz und Pfeffer würzig abschmecken. Die ausgehöhlten Tomaten innen leicht salzen und pfeffern und mit der Reismasse füllen. Eine feuerfeste Form fetten.

4 Die saure Sahne mit dem Tomatenpüree und dem Basilikum verrühren und in die Form gießen. Die gefüllten Tomaten hineinsetzen und mit dem übrigen Käse bestreuen. Im vorgeheizten Backofen bei 200° C etwa 25 Minuten überbacken.

Zubereitungszeit: 70 Minuten
Brennwert pro Portion: 340 kcal/1428 kJ

Gefüllte Tomaten mit Sardellen

Für 4 Personen

**4 kleine, feste rote oder gelbe Tomaten • Salz • 2 Sardellenfilets
1/2 TL Kapern • 100 g Doppelrahm-Frischkäse • Pfeffer
1 TL Zitronensaft • 1/2 abgeriebene Zitronenschale
1 EL Schnittlauchröllchen**

1 Die Tomaten wie auf Seite 25 beschrieben zum Füllen vorbereiten und die Deckel beiseite legen.

2 Die Früchte innen leicht salzen und mit der Öffnung nach unten auf Küchenpapier abtropfen lassen. Das herausgeschabte Fruchtfleisch beiseite stellen und anderweitig verwenden.

3 Sardellen, Kapern und Frischkäse in eine Schüssel geben und mit dem Stabmixer fein pürieren. Die Masse mit Salz, Pfeffer, Zitronensaft und Zitronenschale würzen. Die Schnittlauchröllchen unterrühren.

4 Die Käsecreme in einen Spritzbeutel füllen und in die Tomaten spritzen. Die Tomatendeckel wieder aufsetzen.

Zubereitungszeit: 20 Minuten
Brennwert pro Portion: 100 kcal/420 kJ

Unser Tipp

Einen Spritzbeutel können Sie ganz einfach selbst herstellen. Füllen Sie die Masse in einen Gefrierbeutel, und schneiden Sie eine Spitze ab. Die Masse können Sie nun vorsichtig durch das Loch herausdrücken.
Auch wenn Sie sonst kein Freund von Fisch sind: Die Sardellenfilets sollten bei dieser Vorspeise nicht fehlen. Sie bringen Salz und pikante Würze in das Gericht, ohne zu sehr nach Fisch zu schmecken. Mit dem Salz sollten Sie beim Abschmecken aber zurückhaltend sein.

Grilltomaten Provence

Für 4 Personen

✩✩✩✩✩✩✩✩✩✩✩✩✩✩✩✩✩✩✩✩✩✩✩✩✩✩✩✩✩✩✩

**4 große Fleischtomaten • 2 Scheiben Weißbrot
1 Knoblauchzehe • 2 EL Olivenöl • 2 EL gehackte Petersilie
1 TL getrockneter Thymian • Salz
Pfeffer • 2 EL geriebener Gouda**

✩✩✩✩✩✩✩✩✩✩✩✩✩✩✩✩✩✩✩✩✩✩✩✩✩✩✩✩✩✩✩

1 Die Tomaten quer halbieren und mit einem Teelöffel vorsichtig aushöhlen. Das herausgeschabte Fruchtfleisch beiseite stellen und anderweitig verwenden.

2 Das Weißbrot entrinden und fein zerkrümeln. Den Knoblauch abziehen und fein hacken. In einer Schüssel die Brotkrümel, Knoblauch, Olivenöl, Kräuter, Salz und Pfeffer gut vermischen.

3 Die Tomatenhälften mit der Brotmasse füllen und mit Käse bestreuen.

4 In eine feuerfeste Form setzen und in den vorgeheizten Elektrogrill schieben. Fünf Minuten bei niedriger Hitze grillen, dann die Temperatur erhöhen und so lange grillen, bis der Käse goldbraun ist. Sofort servieren.

Zubereitungszeit: 30 Minuten
Brennwert pro Portion: 160 kcal/672 kJ

Unser Tipp

Diese Grillspezialität aus Südfrankreich ist nicht nur als Vorspeise beliebt, sondern auch eine ideale Beilage zu Lamm- und anderen Fleischgerichten. Sie lässt sich auch gut für eine größere Gästeschar vorbereiten und passt hervorragend auf ein kalt-warmes Büfett.
Abwandeln lässt sich das Rezept mit Rosmarin oder Basilikum. Auch als leichtes Abendessen mit frischem oder geröstetem Weißbrot sind die Grilltomaten sehr beliebt.

Frittierte grüne Tomaten

Für 4 Personen

500 g mittelgroße grüne Tomaten
100 g Mehl • 2 EL Maismehl
Salz • Pfeffer • 1 Ei
175 ml Milch • Öl zum Ausbacken

1 Den Stielansatz der Tomaten entfernen und die Früchte in dicke Scheiben schneiden.

2 In einer Schüssel das Mehl mit Maismehl, Salz und Pfeffer vermischen. Ei und Milch zufügen und verquirlen.

3 Eine Pfanne einen Zentimeter hoch mit Öl füllen und erhitzen oder das Öl in einer Fritteuse erhitzen.

4 Die Tomatenscheiben durch den Teig ziehen und etwas abtropfen lassen. Dann portionsweise in das heiße Fett geben und in etwa zwei Minuten goldbraun ausbacken. Die frittierten Tomaten herausheben, auf Küchenpapier entfetten und sofort servieren.

Zubereitungszeit: 30 Minuten
Brennwert pro Portion: 200 kcal/840 kJ

Unser Tipp

Dieses Rezept eignet sich ideal zur Verwertung grüner, noch unreifer Tomaten, denen die Herbstsonne nicht mehr zum Ausreifen reicht. Als Vorspeise machen sich die frittierten grünen Tomaten besonders gut neben Oliven, marinierten Zucchini und Meeresfrüchten.
Als spätsommerliches Abendessen eignet sich das Gericht, wenn Sie einen frischen Salat und geröstetes Bauernbrot dazu reichen. Als Wein passt dazu ein leichter, kühler Rosé.

Bruschetta

✿ ✿

250 g Tomaten • 2–3 EL Olivenöl • Salz • Pfeffer
1 EL gehacktes Basilikum • 4 dicke Scheiben Landbrot
1 große Knoblauchzehe

✿ ✿

1 Tomaten häuten, Stielansatz und Kerne entfernen. Das Fruchtfleisch fein würfeln und in einer Schüssel mit einem Esslöffel Olivenöl vermischen. Mit Salz, Pfeffer und Basilikum würzen.

2 Das Brot im Toaster oder in einer Pfanne mit heißem Olivenöl anrösten.

3 Den Knoblauch abziehen, halbieren und die gerösteten Brotscheiben kräftig damit abreiben. Das Brot mit dem restlichen Öl bepinseln und leicht salzen. Die Tomaten darauf verteilen und sofort servieren.

Zubereitungszeit: 25 Minuten
Brennwert pro Portion: 195 kcal/819 kJ

Unser Tipp

Die Bruschetta (ausgesprochen wird sie »Brusketta«) ist der klassische Appetithappen der italienischen Küche. Sie wird oft zum Aperitiv gereicht und schmeckt auch köstlich, wenn Sie Champignons oder Zucchiniwürfel unter die Tomaten mischen. Eine weitere italienische Vorspeisenspezialität mit Brot sind Tomatencrostini. Dazu benötigen Sie vier kleine Tomaten, 125 Gramm Mozzarella, vier Scheiben Toastbrot, vier Teelöffel Butter, Salz, Pfeffer und zwei Teelöffel getrockneten Oregano. Die Tomaten häuten, die Stielansätze entfernen und ihr Fruchtfleisch sowie den Mozzarella in dünneScheiben schneiden. Das Toastbrot mit Butter bestreichen und mit Tomatenscheiben belegen. Mit Salz, Pfeffer und Oregano würzen. Den Mozzarella darüber verteilen. Den Backofen vorheizen und die Crostini bei 200° C auf der oberen Schiene knapp zehn Minuten überbacken. Heiß servieren.

Geschmorte Kirschtomaten mit Rucola

Für 4 Personen

✿ ✿

**600 g Kirschtomaten • 8 EL Olivenöl • 4 EL Zitronensaft
2 Knoblauchzehen • Salz • Pfeffer • 100 g Rucola
100 g schwarze entsteinte Oliven • 75 g Parmesan**

✿ ✿

1 Die Stielansätze der Tomaten herausschneiden und die Früchte quer halbieren. Ein Backblech mit Backpapier auslegen. Die Tomaten mit der Schnittfläche nach oben auf das Backblech legen.

2 In einer Schüssel vier Esslöffel Olivenöl und zwei Esslöffel Zitronensaft gut vermischen. Den Knoblauch abziehen und durch eine Presse dazudrücken. Mit Salz und Pfeffer würzen.

3 Die Tomatenhälften mit der Ölmischung beträufeln und im vorgeheizten Backofen bei 200 ˚C auf der Mittelschiene 15 Minuten lang schmoren. Herausnehmen und kurz abkühlen lassen.

4 Den Rucola verlesen, waschen, trocken schütteln und mit dem Messer zerkleinern. Die Oliven halbieren. Geschmorte Tomaten, Rucola und Oliven auf flachen Tellern anrichten. Parmesan in dünne Scheiben hobeln und darüber streuen.

5 Das übrige Olivenöl mit dem restlichen Zitronensaft, etwas Salz und Pfeffer in einer Schüssel verrühren und über den Salat träufeln.

Zubereitungszeit: 50 Minuten
Brennwert pro Portion: 420 kcal/1764 kJ

Unser Tipp

Die kleinen Kirschtomaten sind besonders aromatisch. Sie eignen sich immer dann gut, wenn sie eine feine Dekoration brauchen.

Sommerlicher Tomaten-Paprika-Salat

Für 4 Personen

400 g rote oder gelbe Tomaten • 2 rote Paprikaschoten
2 rote Chilischoten • 1 reifer Pfirsich • 2 Schalotten
10 Blätter Minze • 2 EL Zitronensaft • Salz • Pfeffer • 4 EL Öl

1 Die Stielansätze der Tomaten herausschneiden und die Früchte entkernen. Die Paprika- und Chilischoten halbieren, den Stielansatz, die Kerne und die weißen Häutchen entfernen. Den Pfirsich kurz in kochendes Wasser tauchen, häuten, halbieren und entsteinen. Die Schalotten abziehen. Alle Zutaten klein würfeln und in eine Salatschüssel geben.

2 Minze fein hacken und mit den Salatzutaten mischen.

3 In einer kleinen Schüssel den Zitronensaft mit etwas Salz und Pfeffer verrühren. Das Öl darunterrühren. Das Dressing mit dem Salat vermischen und kurz ziehen lassen.

Zubereitungszeit: 30 Minuten
Brennwert pro Portion: 170 kcal/714 kJ

Unser Tipp

Fein zu Blattsalaten mit oder ohne gebratene Geflügelstreifen ist auch eine Tomaten-Avocado-Vinaigrette. Dazu brauchen Sie eine Fleischtomate, vier Esslöffel Weißweinessig, einen Teelöffel mittelscharfen Senf, Salz, Pfeffer, sechs Esslöffel Olivenöl sowie eine halbe reife Avocado. Sie entfernen Stielansatz und Kerne aus der Tomate und würfeln das Fruchtfleisch ganz klein. Dann mischen Sie in einer Schüssel den Essig mit dem Senf sowie Salz und Pfeffer. Das Öl tropfenweise unterrühren und die Tomatenwürfel darunter mischen. Die Avocado schälen und den Stein entfernen. Das Fruchtfleisch fein würfeln und sofort unter die Vinaigrette mischen, damit es sich nicht braun verfärbt. Diese Vinaigrette lässt sich zu vielen Gelegenheiten verwenden.

Feine Vorspeisen

Salade Niçoise

Für 4 Personen

3 Fleischtomaten • 1 rote Paprikaschote
2 hart gekochte Eier • 4 Sardellenfilets
200 g Thunfisch in Öl • 12 schwarze Oliven
1 EL Kapern • 1 Knoblauchzehe
2 EL Estragonessig • Salz • Pfeffer • 4 EL Olivenöl
1 EL gehackter Estragon • einige Blätter Kopfsalat

1 Die Stielansätze der Tomaten entfernen und die Früchte achteln. Die Paprikaschote halbieren, Stielansatz, Kerne und die weißen Häutchen entfernen. Das Fruchtfleisch in feine Streifen schneiden. Die Eier schälen und vierteln. Sardellenfilets klein schneiden. Den Thunfisch abtropfen lassen und mit der Gabel etwas zerpflücken. Alles in eine große Schüssel geben und locker mischen.

2 Für die Vinaigrette den Knoblauch abziehen und durch eine Presse in eine kleine Schüssel drücken. Mit Essig, Salz, Pfeffer, Olivenöl und Estragon verrühren. Die Sauce über den Salat geben und erst unmittelbar vor dem Servieren vermischen.

3 Eine große Salatschüssel mit den gewaschenen und gut trocken geschüttelten Kopfsalatblättern auslegen. Den zuvor durchgemischten Salat einfüllen und sofort servieren.

Zubereitungszeit: 30 Minuten
Brennwert pro Portion: 370 kcal/1554 kJ

Unser Tipp

Gut schmeckt zu diesem sommerlichen Salat, der auch eine Hauptmahlzeit ersetzen kann, ein frisch aufgebackenes Baguette oder Bruschetta (→ Seite 34). Auch Knoblauchbrot, selbst hergestellt oder aus der Tiefkühltruhe, eignet sich hervorragend als Beilage.

Tomaten-Zucchini-Salat mit Orangenvinaigrette

Für 4 Personen

200 g junge Zucchini • je 2 rote und gelbe Tomaten • 2 Orangen
100 g Naturjogurt • 50 g Sahne • 3 EL frisch gepresster Orangensaft • Salz
Pfeffer • 1/2 TL gemahlener Ingwer • 1 Kästchen Kresse

1 Stiel- und Blütenansatz der Zucchini entfernen und das Gemüse in Stifte schneiden. Die Tomaten vom Stielansatz befreien und in schmale Spalten schneiden. Die Orangen schälen und filetieren.

2 Für die Sauce in einer Schüssel Jogurt mit Sahne, Orangensaft, Salz, Pfeffer und Ingwer gut verrühren.

3 Die Zucchinistifte mit den Tomatenscheiben und Orangenspalten auf vier Salattellern anrichten und mit der Sauce begießen. Die Kresse mit einer Schere abschneiden und darüber streuen.

Zubereitungszeit: 25 Minuten
Brennwert pro Portion: 115 kcal/483 kJ

Unser Tipp

Zum Anmachen von Salaten aller Art, aber auch zur Marinade eines Rinder-carpaccios eignet sich eine Sauce aus zwei kleinen Tomaten, einer kleinen roten Zwiebel, einer Knoblauchzehe, einem halben Bund Petersilie, einem Teelöffel Kapern, drei Esslöffeln Weißweinessig, Salz, Pfeffer sowie sechs Esslöffeln Olivenöl. Die Tomaten dazu häuten, Stielansätze und Kerne entfernen. Kerne und das anhaftende Fruchtfleisch durch ein Sieb in eine kleine Schüssel passieren. Das feste Fruchtfleisch fein würfeln. Zwiebel und Knoblauch abziehen und sehr fein hacken, ebenso die Petersilie und die Kapern. Den passierten Tomatensaft mit Essig, Salz und Pfeffer verrühren, dann das Öl tropfenweise zugeben und rasch verrühren. Tomatenwürfel, Zwiebel, Knoblauch, Petersilie und Kapern darunter mischen.

Nudelsalat mit Rucola und getrockneten Tomaten

Für 4 Personen

250 g Fusilli • 2 Schalotten • 50 g getrocknete Tomaten in Öl
200 g Rucola • 4 EL Pinienkerne • 1 EL gehackte Petersilie
1 kleine scharfe Pfefferschote (Peperoncino) • 2 EL Zitronensaft
Salz • Pfeffer • 4 EL Olivenöl

1 Die Nudeln in einem großen Topf mit reichlich Salzwasser bissfest kochen, durch ein Sieb abgießen und gut abtropfen lassen. Inzwischen Schalotten abziehen und in feine Ringe schneiden. Die Tomaten abtropfen lassen und in schmale Streifen schneiden. Rucola verlesen, waschen, trocken schütteln und klein schneiden. Die Pinienkerne in einer beschichteten Pfanne ohne Fett rösten, bis sie goldbraun sind.

2 Nudeln, Schalotten, Tomaten, Rucola, Pinienkerne und Petersilie in einer Salatschüssel mischen.

3 Den Peperoncino fein hacken und mit Zitronensaft, Salz, Pfeffer und Öl in einer kleinen Schüssel verrühren. Die Sauce über den Salat gießen, gut mischen und kurz durchziehen lassen.

Zubereitungszeit: 30 Minuten
Brennwert pro Portion: 515 kcal/2163 kJ

Unser Tipp

Reis-, Nudel- oder Gemüsesalate lassen sich auch mit einer leichten Tomatencreme aus 100 Gramm Naturjogurt, drei Esslöffeln süßer Sahne, zwei Esslöffeln Tomatenketchup, einem Teelöffel Tomatenmark, einem Teelöffel Öl, einem Esslöffel Zitronensaft, Salz, Pfeffer, einer Messerspitze Chilipulver und einer Prise Zucker verfeinern. Dazu den Jogurt in einer Schüssel mit Sahne, Ketchup, Tomatenmark, Öl und Zitronensaft verrühren und anschließend mit Salz, Pfeffer, Chilipulver und Zucker würzen.

Tomaten-Reis-Salat

❀ ❀

150 g Reis • Salz • 150 g Tiefkühlerbsen • 1 große rote Zwiebel
3 Tomaten • 2 hart gekochte Eier • 1 große Knoblauchzehe
3 EL Tomatenpüree • 2 EL Zitronensaft • Pfeffer • 2 EL Öl

❀ ❀

1 Den Reis und die Erbsen jeweils in einem Topf mit reichlich Salzwasser garen, dann in zwei Siebe geben und abtropfen lassen.

2 Zwiebel abziehen, halbieren und in feine Halbringe schneiden. Zwei Tomaten häuten, Stielansätze und Kerne entfernen. Das Fruchtfleisch fein würfeln. Den Stielansatz der dritten Tomate entfernen und die Frucht in Scheiben schneiden. Eier schälen und ebenfalls in Scheiben schneiden.

3 Knoblauch abziehen, durch eine Presse in eine kleine Schüssel drücken und gut mit dem Tomatenpüree, Zitronensaft, Salz und Pfeffer sowie dem Öl verrühren.

4 Reis, Erbsen, Zwiebel und gewürfelte Tomaten in einer Salatschüssel gut mit dem Knoblauchdressing verrühren. Den Salat mit Salz und Pfeffer abschmecken, mit Tomaten- und Eierscheiben garnieren und vor dem Servieren durchziehen lassen.

Zubereitungszeit: 40 Minuten
Brennwert pro Portion: 280 kcal/1176 kJ

Unser Tipp

Für einen viertel Liter Tomatenpüree benötigen Sie ein Kilogramm reife Eiertomaten, zwei Teelöffel Salz und 100 Milliliter Wasser. Tomaten häuten, Stielansätze und Kerne entfernen. Fruchtfleisch würfeln, mit Salz und Wasser in einen Topf geben und zum Kochen bringen. Bei mittlerer Hitze etwa eine halbe Stunde einkochen lassen und noch heiß in ein sterilisiertes Glas füllen.

Das Beste aus Tomaten

Klare Tomatensuppe

Für 4 Personen

✿ ✿

1 l Fleisch- oder Gemüsebrühe (Instant) • 1/4 l trockener Weißwein
Salz • Pfeffer • 1,5 l heißes Wasser • 600 g Tomaten • 2 Karotten
1/4 Knollensellerie • 1/2 Stange Lauch • 2 Zwiebeln
2 Knoblauchzehen • 1 EL Butter • 12 Liebstöckelblätter

✿ ✿

1 Die Brühe mit dem Weißwein sowie etwas Salz und Pfeffer in einen Topf geben. Diesen Fond zum Kochen bringen.

2 Tomaten häuten, Stielansatz und Kerne entfernen. Das Fruchtfleisch würfeln. Karotten, Sellerie und Lauch putzen und in kleine Stücke schneiden. Zwiebeln und Knoblauch abziehen und hacken.

3 Die Butter in einem großen Topf erhitzen. Karotten, Sellerie, Lauch, Zwiebeln und Knoblauch zufügen und leicht anbraten. Die Tomaten hineingeben und kurz dünsten. Den Fond über das Gemüse gießen.

4 Die Suppe bei mittlerer Hitze und ohne Deckel 40 Minuten einkochen lassen. Zum Schluss die Suppe durch ein mit einem Baumwoll- oder Mulltuch ausgelegtes Sieb gießen und mit Salz und Pfeffer abschmecken. Auf vorgewärmte Suppenteller verteilen und mit jeweils drei Liebstöckelblättern verzieren.

Zubereitungszeit: 1 Stunde
Brennwert pro Portion: 155 kcal/651 kJ

Unser Tipp

Wenn Sie auf die Instant-Fleischbrühe verzichten wollen, können Sie natürlich auch selbst aus Rindfleisch, Knochen und Suppengrün eine kräftige Brühe kochen. Auch eine Gemüsebrühe aus frischem Suppengemüse ist für die Tomatensuppe gut geeignet.

Tomatencremesuppe mit Croutons

Für 4 Personen

✦ ✦

**600 g Tomaten • 2 Schalotten • 1 Knoblauchzehe
2 EL Olivenöl • 10–12 Basilikumblätter • 1/8 l trockener Rotwein
500 ml Gemüsebrühe • 100 g Crème fraîche • Salz • Pfeffer
4 kleine Scheiben Weißbrot • 2 EL Öl • 4 EL Kognak**

✦ ✦

1 Die Stielansätze der Tomaten entfernen, die Früchte häuten und das Fruchtfleisch würfeln. Schalotten und Knoblauch abziehen und hacken.

2 In einer Kasserolle Öl erhitzen und die Tomaten, Schalotten, den Knoblauch sowie die Basilikumblätter darin dünsten. Den Rotwein dazugießen und bei starker Hitze auf etwa die Hälfte einkochen lassen. Die Gemüsebrühe zufügen und zehn Minuten bei schwacher bis mittlerer Hitze kochen.

3 Die Basilikumblätter herausnehmen und die Suppe vom Herd nehmen. Mit dem Stabmixer pürieren. Crème fraîche einrühren, alles noch einmal aufkochen lassen und mit Salz und Pfeffer abschmecken. Die Suppe durch ein feines Sieb passieren und warm stellen.

4 Für die Croutons das Weißbrot in kleine Würfel schneiden. Das Öl in einer Pfanne heiß werden lassen und die Brotwürfel darin goldgelb rösten. Die Croutons auf Suppenteller verteilen, mit je einem Esslöffel erwärmtem Kognak übergießen und anzünden. Mit der heißen Tomatensuppe ablöschen.

Zubereitungszeit: 40 Minuten
Brennwert pro Portion: 360 kcal/1512 kJ

Unser Tipp

Als Suppeneinlage eignen sich auch geröstete Pinienkerne oder gehackte Mandeln, etwas gegarter Reis, geröstete Speckwürfel, fein gewiegte frische Kräuter sowie gedünstete Gemüsestreifen.

Tomatenkraftbrühe mit Shrimps

Für 4 Personen

1 Stange Lauch • 2 Schalotten • 1 Knoblauchzehe • 1 EL Butter
1,5 l heiße Fleisch- oder Gemüsebrühe • 400 g Fleischtomaten
Salz • Pfeffer • Zucker • Tabasco • 12 Shrimps (geschält)

1 Den Lauch putzen, waschen und in Ringe schneiden. Die Schalotten und den Knoblauch abziehen und hacken.

2 Tomaten waschen, Stielansätze entfernen und die Früchte häuten. Das Fruchtfleisch vierteln.

3 Die Butter in einem großen Topf erhitzen. Das Gemüse und die Tomatenviertel zufügen und kurz andünsten. Mit der heißen Brühe auffüllen. Die Suppe bei schwacher Hitze im offenen Topf etwa 30 Minuten kochen lassen.

4 Den Topf vom Herd nehmen und die Suppe durch ein feines Sieb passieren. Mit Salz, Pfeffer, etwas Zucker und Tabasco abschmecken.

5 Die Shrimps auf vorgewärmte Suppenteller verteilen und die heiße Suppe darüber gießen. Kurz ziehen lassen, dann servieren.

Zubereitungszeit: 50 Minuten
Brennwert pro Portion: 110 kcal/462 kJ

Unser Tipp

Shrimps aus Südostasien sind in letzter Zeit wegen der problematischen Aufzucht leider in Verruf geraten. Fragen Sie Ihren Fischhändler nach der Herkunft seiner Ware. Wenn Sie auf Shrimps ganz verzichten wollen, können Sie die Kraftbrühe auch mit kleingeschnittenem Hühner- oder Putenfleisch zubereiten, das sie kurz anbraten oder andünsten, bevor Sie es mit der Suppe servieren.

Suppenfreuden

Arabische Tomatensuppe

Für 4 Personen

✩ ✩

**1 kg Hammelknochen • 250 g Lammschulter (ohne Knochen)
2 l Wasser • 1,5 kg Tomaten • 2 Zwiebeln • Salz • Pfeffer
gemahlene Muskatnuss • 1/2 TL Zucker • 100 g Reis
2 EL gehackte Petersilie**

✩ ✩

1 In einem großen Topf reichlich Wasser zum Kochen bringen. Die Hammelknochen darin zehn Minuten garen, dann herausnehmen und mit kaltem Wasser abbrausen. Das Kochwasser wegschütten.

2 Die Knochen wieder in den Topf geben, das Lammfleisch und zwei Liter heißes Wasser zufügen und zum Kochen bringen. Das Fleisch bei schwacher bis mittlerer Hitze kochen. Dabei immer wieder mit einem Schaumlöffel den entstehenden Schaum abschöpfen.

3 Inzwischen die Tomaten häuten, den Stielansatz und die Kerne entfernen. Das Fruchtfleisch sehr klein würfeln. Die Zwiebeln abziehen und ganz fein hacken.

4 Nach einer Stunde die Knochen aus der Brühe entfernen. Tomaten, Zwiebeln und Gewürze zufügen. Mit Salz und Pfeffer abschmecken und alles zehn Minuten garen.

5 Den Reis in die Suppe geben und im geschlossenen Topf bei schwacher Hitze quellen lassen.

6 Das Lammfleisch herausheben, auf einem Holzbrett in mundgerechte Stücke schneiden und zusammen mit der Petersilie wieder in die Suppe geben. Kurz ziehen lassen und servieren.

Zubereitungszeit: 110 Minuten
Brennwert pro Portion: 310 kcal/1302 kJ

Tomaten-Curry-Suppe mit Speck

Für 4 Personen

1 Bund Suppengrün • 1 Zwiebel • 4 EL Olivenöl • 2 EL Currypulver
200 ml trockener Rotwein • 1/2 l Gemüsebrühe (Instant)
800 g Tomaten • Salz • Pfeffer • Zucker • 1 EL Zitronensaft
100 g durchwachsener Bauchspeck • 2 EL Crème fraîche

1 Suppengrün putzen und würfeln. Die Zwiebel abziehen und fein würfeln. In einem großen Topf das Olivenöl erhitzen. Das Suppengrün und die Zwiebel darin andünsten. Das Gemüse mit Curry bestäuben, kurz anschwitzen und dann den Rotwein dazugießen.

2 Alles bei starker Hitze bis auf die Hälfte einkochen lassen.

3 Gemüsebrühe zufügen und die Suppe bei schwacher bis mittlerer Hitze im offenen Topf etwa 20 Minuten garen lassen.

4 Den Stielansatz der Tomaten herausschneiden, die Früchte häuten, grob würfeln, in die Suppe geben und alles 20 Minuten garen.

5 Die Suppe mit dem Stabmixer pürieren und durch ein Sieb passieren. Mit Salz, Pfeffer, etwas Zucker und Zitronensaft abschmecken.

6 Den Speck in fingerdicke Streifen schneiden und in einer beschichteten Pfanne ohne Fett knusprig braten.

7 Die gebratenen Speckstreifen auf vorgewärmte Teller verteilen und darüber die heiße Tomaten-Curry-Suppe geben. Jeweils einen Klecks Crème fraîche in die Tellermitte setzen und mit einer Gabel zu einem Muster verziehen. Sofort servieren.

Zubereitungszeit: 75 Minuten
Brennwert pro Portion: 420 kcal/1764 kJ

Das Beste aus Tomaten

48

Tomatensuppe mit Basilikumklößchen

Für 4 Personen

✧ ✧

**1 kg Tomaten • 2 Schalotten • 2 Knoblauchzehen • 1 EL Butter
100 ml Tomatensaft • 1/2 l Gemüsebrühe (Instant)
100 g süße Sahne • Salz • Pfeffer • 1 Prise Zucker
250 g Magerquark • 1 Bund Basilikum • 2 EL Speisestärke • 1 Eigelb**

✧ ✧

1 Die Stielansätze der Tomaten herausschneiden, die Früchte häuten, entkernen und grob würfeln. Schalotten und Knoblauch abziehen und hacken. Butter in einem großen Topf zerlassen und die Schalotten mit dem Knoblauch leicht darin anbraten. Tomatenwürfel hinzufügen und kurz dünsten. Tomatensaft, Gemüsebrühe und Sahne dazugießen. Alles mit Salz, Pfeffer und Zucker würzen. Zehn Minuten bei schwacher Hitze garen.

2 Den Quark in einem feinen Sieb gut abtropfen lassen und die Basilikumblätter fein hacken. Quark mit Basilikum, Speisestärke, Eigelb und etwas Salz und Pfeffer sorgfältig in einer Schüssel verrühren.

3 Die Suppe pürieren und dann durch ein Sieb passieren. Weitere fünf Minuten im offenen Topf einkochen. Mit den Gewürzen abschmecken. Aus der Quarkmasse mit zwei Teelöffeln kleine Klöße formen, in die Tomatensuppe geben und bei schwacher Hitze fünf bis sieben Minuten ziehen lassen.

Zubereitungszeit: 60 Minuten
Brennwert pro Portion: 270 kcal/1134 kJ

Unser Tipp

Zur Herstellung von einem halben Liter Tomatensaft brauchen Sie ein Kilogramm reife Tomaten, einen Teelöffel Salz und einen Esslöffel Zucker. Entfernen Sie die Stielansätze der Tomaten, und häuten Sie die Früchte. Anschließend in der Saftpresse entsaften. Die Flüssigkeit mit den Gewürzen in einem Topf zum Kochen bringen und 30 Minuten garen.

Raffinierte Variationen

Süßsaure Tomatensuppe mit Bananen

Für 4 Personen

1 kg Tomaten • 1/2 l Fleischbrühe (Instant) • 1 Prise Salz
2 Zwiebeln • 2 große Bananen • 2 EL Pflanzenöl • 1 EL Speisestärke
50 g süße Sahne • 1 Prise gemahlener Ingwer • Pfeffer
2 EL Kokosraspel

1 Die Stielansätze der Tomaten entfernen. Die Früchte häuten und grob würfeln.

2 Fleischbrühe in einen Topf geben, salzen und erhitzen. Tomaten zugeben und zugedeckt bei schwacher Hitze weich garen.

3 Inzwischen die Zwiebeln abziehen und fein hacken. Die Bananen schälen und in Scheiben schneiden. Das Öl in einem großen Topf erhitzen und die Zwiebeln darin glasig dünsten. Bananen zufügen und leicht anbraten.

4 Die Tomatensuppe durch ein feines Sieb passieren und über die Obst-Gemüsemischung geben.

5 Die Speisestärke gut mit der Sahne vermischen und in die Suppe rühren, bis diese dicklich wird. Vom Herd nehmen und mit Ingwer und Pfeffer würzen. Die Suppe auf vier Teller verteilen und mit Kokosraspeln bestreut servieren.

Zubereitungszeit: 40 Minuten
Brennwert pro Portion: 280 kcal/1176 kJ

Unser Tipp

Die Kombination von Bananen und Tomaten mag Ihnen im ersten Augenblick sehr exotisch vorkommen. Die süßsaure Note dieser Suppe ist aber besonders reizvoll und ein voller Erfolg bei Gästen.

Gazpacho andaluz

Für 4 Personen

750 g Tomaten • 1 rote Paprikaschote • 1 mittelgroße Salatgurke
1 Knoblauchzehe • 1 TL Rotweinessig • 1 TL Tomatenmark
1 TL Paprikapulver (edelsüß) • 1/4 l kalte Fleischbrühe (Instant)
1 Prise Kreuzkümmel • Salz • Pfeffer • 2 Scheiben Weißbrot
1 EL Butter
Zum Garnieren: 1 Tomate • 1/2 grüne Paprikaschote

1 Die Tomaten häuten, von Stielansätzen und Kernen befreien. Das Frucht-fleisch klein würfeln. Die Paprikaschote halbieren, den Stiel, die Kerne sowie die weißen Häutchen entfernen. Das Fruchtfleisch ebenfalls klein würfeln. Die Gurke schälen, längs halbieren, die Kerne mit einem Teelöffel herausscha-ben und das Fruchtfleisch zerkleinern. Das klein geschnittene Gemüse in eine Schüssel geben und mit dem Stabmixer pürieren.

2 Den Knoblauch abziehen und durch eine Presse dazudrücken. Essig, Tomatenmark und Paprikapulver zufügen und das Mus noch einmal pürieren. Das Gemüsepüree gut eine Stunde lang kalt stellen.

3 Das abgekühlte Mus mit der Fleischbrühe verrühren und mit Kreuzkümmel, Salz und Pfeffer würzen. Auf Suppentassen verteilen und kalt stellen.

4 Die Rinde vom Weißbrot abschneiden und das weiche Innere fein würfeln. Butter in einer Pfanne erhitzen und die Brotwürfel darin rösten.

5 Die übrig gebliebene Tomate häuten, den Stielansatz und die Kerne entfer-nen. Das Fruchtfleisch klein würfeln. Die halbe grüne Paprikaschote ebenfalls in kleine Würfel schneiden. Den Gazpacho mit den Gemüse- und Brotwürfeln bestreuen und kalt servieren.

Zubereitungszeit: 50 Minuten (ohne Kühlzeit)
Brennwert pro Portion: 140 kcal/588 kJ

Süß oder kalt?

Sommergemüse

500 g Zucchini • 2 Schalotten • 4 EL Olivenöl
1 Zweig Rosmarin • 400 g Tomaten • 2 Knoblauchzehen
1 EL Tomatenmark • Salz • Pfeffer

1 Den Stiel- und Blütenansatz der Zucchini entfernen und das Gemüse in dünne Scheiben schneiden. Schalotten abziehen und hacken. Das Öl in einer Pfanne erhitzen und die Schalotten darin leicht anbraten. Die Zucchini und den Rosmarin zufügen und zehn Minuten bei mittlerer Hitze unter Umrühren dünsten.

2 Die Tomaten häuten, Stielansätze und Kerne entfernen und das Fruchtfleisch in kleine Würfel schneiden. Den Knoblauch abziehen und fein hacken.

3 Tomaten, Knoblauch und Tomatenmark unter die Zucchini mischen. Mit Salz und Pfeffer würzen. Das Gemüse fünf Minuten zugedeckt schmoren lassen. Vor dem Servieren den Rosmarinzweig entfernen.

Zubereitungszeit: 35 Minuten
Brennwert pro Portion: 160 kcal/672 kJ

Unser Tipp

Wenn Sie Tomatenmark selbst herstellen möchten, benötigen Sie für einen viertel Liter ein Kilogramm reife Eiertomaten, zwei Teelöffel Salz und hundert Milliliter Wasser. Die Tomaten häuten, von Stielansätzen und Kernen befreien und klein schneiden. Mit Salz und Wasser in einen mittelgroßen Topf geben. Die Mischung zum Kochen bringen und etwa 15 Minuten garen. Die Masse durch ein feines Sieb in einen zweiten Topf passieren. Bei schwacher bis mittlerer Hitze eine Stunde kochen und eindicken lassen; dabei gelegentlich umrühren. Das Tomatenmark heiß in sterilisierte Gläser füllen, diese gut verschließen und fünf Minuten lang auf den Kopf stellen.

Pikantes Tomaten-Paprika-Gemüse

Für 4 Personen

✿ ✿

**300 g Tomaten • 300 g bunte Paprikaschoten • 300 g Zwiebeln
4 EL Olivenöl • Salz • Pfeffer • 2–3 EL Weißweinessig**

✿ ✿

1 Die Tomaten häuten, Stielansätze und Kerne entfernen. Das Fruchtfleisch grob würfeln. Die Paprikaschoten halbieren und von Stielansatz, Kernen sowie den weißen Häutchen befreien. Dann die Schoten in etwa einen Zentimeter breite Streifen schneiden. Die Zwiebeln abziehen und in feine Ringe schneiden.

2 Das Öl in einer Pfanne erhitzen. Die Zwiebeln darin kurz anbraten, dann die Paprikaschoten und die Tomaten zufügen. Mit Salz, Pfeffer und Weißweinessig würzen.

3 Das Gemüse bei schwacher Hitze langsam weich garen. Mit den Gewürzen abschmecken und servieren.

Zubereitungszeit: 45 Minuten
Brennwert pro Portion: 160 kcal/672 kJ

Unser Tipp

Das pikante Tomatengemüse ist in Italien eine beliebte Beilage zu Fleischgerichten. Es eignet sich aber auch warm oder kalt zusammen mit knusprigem Weißbrot als Vorspeise.
Eine reizvolle Variante dieses Rezeptes ergibt sich, wenn Sie zunächst Hühnerfleisch in Olivenöl anbraten, dann das Gemüse dazugeben und alles gemeinsam schmoren. Dieses Gericht ist als »Pollo alla romana« ein beliebtes italienisches Essen. Es schmeckt besonders gut, wenn Sie es vor dem Servieren ein wenig abkühlen lassen und dann lauwarm mit frischem Weißbrot servieren.
Ein Schuss Weißwein kann den Essig ersetzen.

Tomaten-Mangold-Ragout

Für 4 Personen

✿ ✿

**400 g Tomaten • 1 Zwiebel • 3 Knoblauchzehen
1 Hand voll Basilikumblätter • 4 EL Olivenöl • 2 cl trockener Weißwein
Salz • Pfeffer • 800 g Mangold • 2 EL Pinienkerne**

✿ ✿

1 Die Tomaten häuten und von Stielansätzen und Kernen befreien. Das Fruchtfleisch grob würfeln. Zwiebel und Knoblauch abziehen und fein hacken. Die Basilikumblätter in feine Streifen schneiden.

2 Das Öl in einer Pfanne erhitzen und die Zwiebel mit dem Knoblauch darin kurz anbraten. Die Tomatenstückchen, das Basilikum und den Wein zufügen. Mit Salz und Pfeffer würzen. Das Gemüse zugedeckt etwa 20 Minuten schmoren lassen. Ab und zu umrühren.

3 Den Mangold waschen, verlesen und die Stiele herausschneiden. Die Blätter waschen und in daumendicke Streifen schneiden. In einem großen Topf mit kochendem Salzwasser zwei bis drei Minuten lang blanchieren. In ein Sieb geben und abtropfen lassen.

4 Die Blätter gut ausdrücken und zum Tomatenragout in die Pfanne geben. Mit Salz und Pfeffer abschmecken und einige Minuten garen lassen.

5 Die Pinienkerne in einer beschichteten Pfanne ohne Fett rösten, bis sie goldgelb sind, und über das Gemüse streuen.

Zubereitungszeit: 50 Minuten
Brennwert pro Portion: 215 kcal/903 kJ

Unser Tipp

Sollten Sie keinen Mangold bekommen können, lässt er sich gut durch Blattspinat ersetzen, den es auch tiefgekühlt gibt.

Gratinierte Schweine-medaillons auf Tomaten

Für 4 Personen

✿ ✿

**4 Schweinemedaillons à 150 g • 1 EL Butterschmalz • Salz • Pfeffer
3 Knoblauchzehen • 750 g Fleischtomaten • 1 EL Olivenöl
2 EL gehacktes Basilikum • 250 g Mozzarella**

✿ ✿

1 Die Schweinemedaillons mit dem Handballen auf einem Holzbrett gleich-mäßig flach drücken. In einer Pfanne das Butterschmalz erhitzen und das Fleisch darin auf jeder Seite eine Minute lang kräftig anbraten. Herausnehmen und mit Salz und Pfeffer würzen. Abgedeckt warm stellen.

2 Knoblauch abziehen und durch die Presse zum Bratensatz in die Pfanne drücken. Kurz verrühren und das Fleisch damit bestreichen.

3 Die Tomaten häuten und von ihren Stielansätzen befreien. Das Frucht-fleisch in Scheiben schneiden.

4 Eine feuerfeste Form mit Olivenöl auspinseln. Die Tomatenscheiben hineinlegen, salzen und pfeffern. Einen Esslöffel Basilikum darauf verteilen. Die Schweinemedaillons auf die Tomaten legen. Mozzarella in Scheiben schneiden und das Fleisch und die Tomaten damit bedecken.

5 Den Backofen auf 225 °C vorheizen und das Gericht auf der Mittelschiene etwa 15 Minuten lang überbacken, bis der Käse geschmolzen und goldbraun ist. Mit dem restlichen Basilikum bestreut servieren.

Zubereitungszeit: 55 Minuten
Brennwert pro Portion: 395 kcal/1659 kJ

Unser Tipp

Dieses Rezept können Sie auch mit Putenschnitzeln zubereiten, wenn Sie auf Schweinefleisch verzichten wollen oder müssen.

Ossobuco

Für 4 Personen

500 g Tomaten • 100 g durchwachsener Speck • 1 Staudensellerie
1 Stange Lauch • 2 Möhren • 2 Zwiebeln • 4 EL Olivenöl
1 Lorbeerblatt • 1 EL gehackter Thymian • 4 Scheiben Kalbshaxe oder
Putenkeule (ca. 4 cm dick; Gesamtgewicht 700–750 g) • Salz • Pfeffer
2 EL Mehl • 2 EL Butter • je 1/8 l Weißwein und Fleischbrühe
2 Knoblauchzehen • 2 EL gehackte Petersilie

1 Tomaten häuten, von ihren Stielansätzen befreien und grob zerkleinern. In einen Topf geben und bei schwacher Hitze weich werden lassen.

2 Den Speck würfeln. Sellerie und Lauch putzen und in feine Ringe schneiden. Die Möhren in dünne Scheiben schneiden. Die Zwiebeln fein hacken.

3 Die Hälfte des Öls in einer Kasserolle erhitzen und den Speck darin anbraten. Gemüse, Lorbeerblatt und Thymian zufügen. Alles zugedeckt bei schwacher bis mittlerer Hitze etwa zehn Minuten dünsten.

4 Das Fleisch auf beiden Seiten salzen und pfeffern und mit Mehl bestäuben. Das restliche Öl mit der Butter in einer großen Pfanne erhitzen und das Fleisch darin anbraten. Die Fleischscheiben in einen Topf oder Bräter geben. Gemüse dazugeben und den Weißwein dazugießen. Bei mittlerer Hitze im offenen Topf kochen, bis ein Viertel der Flüssigkeit verdampft ist.

5 Die gegarten Tomaten und die Fleischbrühe zufügen. Knoblauch abziehen und durch eine Presse dazudrücken. Das Gericht zugedeckt bei schwacher Hitze 75 Minuten schmoren lassen. Das Fleisch herausnehmen und abgedeckt warm stellen. Die Sauce pürieren und abschmecken. Petersilie einrühren. Das Fleisch in die Sauce geben und kurz ziehen lassen.

Zubereitungszeit: 150 Minuten
Brennwert pro Portion: 615 kcal/2583 kJ

Mit Fleisch

Putengeschnetzeltes mit Kirschtomaten

Für 4 Personen

800 g Putenbrustfilet • 4 EL Olivenöl • 2 Zwiebeln
250 g Champignons • 1 EL Tomatenmark • 1/8 l trockener Weißwein
1/8 l Geflügelfond • 100 g süße Sahne • 1 EL Zitronensaft • Salz • Pfeffer
Paprikapulver (edelsüß) • 1 Prise Chilipulver • 1 Prise Zucker
200 g Kirschtomaten • 1/2 Bund Minze • 1 EL Mehl

1 Das Putenbrustfilet in fingerbreite Streifen schneiden. Das Öl in einer Pfanne erhitzen und das Fleisch darin rundum braun anbraten. Herausnehmen und abgedeckt warm stellen.

2 Zwiebeln abziehen und fein hacken. Die Champignons putzen und in Scheiben schneiden. Die Zwiebeln kurz im Bratfett anbraten, Champignons zufügen und zwei bis drei Minuten dünsten. Das Tomatenmark einrühren, dann das Fleisch zum Gemüse geben. Mit Weißwein ablöschen und die Flüssigkeit bei starker Hitze etwas einkochen lassen.

3 Geflügelfond und Sahne dazugießen. Mit Zitronensaft, Salz, Pfeffer, Paprikapulver, Chilipulver und Zucker kräftig würzen.

4 Tomaten vierteln. Die Minzeblätter in dünne Streifen schneiden. Beides unter das Geschnetzelte rühren und das Gericht fünf Minuten bei schwacher Hitze kochen lassen. Die Sauce mit etwas Mehl binden und mit den Gewürzen abschmecken.

Zubereitungszeit: 45 Minuten
Brennwert pro Portion: 470 kcal/1974 kJ

Unser Tipp

Putenfilet ist auch für die schlanke Küche geeignet. Wenn Sie bei diesem Rezept Kalorien sparen wollen, reduzieren Sie Öl und Sahne.

Polenta mit Tomaten-Hackfleisch-Ragout

Für 4 Personen

☆ ☆

Für die Polenta: 1 1/4 l Wasser • 1 EL Salz • 350 g grober Maisgrieß
1 Prise gemahlene Muskatnuss
Für das Ragout: 1 Knoblauchzehe • 1 Zwiebel • 2 EL Olivenöl
500 g Rinderhackfleisch • 500 ml Tomatenpüree • 2 EL Tomatenmark
300 g Fleischtomaten • Salz • Pfeffer • je 1 TL Thymian und Majoran
4 EL geriebener Pecorino • 200 g Mozzarella • Butter für die Form

☆ ☆

1 Wasser und Salz in einem Topf zum Kochen bringen. Den Maisgrieß so einrühren, dass keine Klumpen entstehen. Mit Muskat würzen. Bei schwacher Hitze 45 Minuten quellen lassen. Dabei immer wieder umrühren.

2 Zwiebel und Knoblauch abziehen und fein hacken. Öl in einer Kasserolle erhitzen und beides leicht darin anbraten. Hackfleisch zufügen und unter Rühren durchbraten. Tomatenpüree und -mark einrühren und die Sauce einige Minuten bei schwacher Hitze kochen lassen.

3 Tomaten häuten und Stielansätze sowie Kerne entfernen. Das Fruchtfleisch klein würfeln und zusammen mit Salz, Pfeffer, Thymian und Majoran zur Sauce geben. Zehn Minuten garen.

4 Eine feuerfeste Form mit Butter einfetten. Die Hälfte der Polenta einfüllen. Das Ragout darauf verteilen und die Hälfte des Pecorino darüber streuen.

5 Die übrige Polenta einen Zentimeter dick auf ein Holzbrett streichen und in zwei mal vier Zentimeter große Stücke schneiden. Die Polentaschnitten mit etwas Abstand voneinander auf dem Ragout verteilen. Den Mozzarella in Scheiben schneiden und dazwischen legen. Mit dem übrigen Pecorino bestreuen. Den Auflauf im vorgeheizten Backofen bei 200 °C etwa 30 Minuten garen.

Zubereitungszeit: 100 Minuten
Brennwert pro Portion: 895 kcal/3759 kJ

Herzhaft geschmort

Gnocchi mit Salami und Tomaten

Für 4 Personen

☆☆☆☆☆☆☆☆☆☆☆☆☆☆☆☆☆☆☆☆☆☆☆☆☆☆☆☆☆

**1 kg mehlig kochende Kartoffeln • 250 g Mehl • Salz
600 g Tomaten • 1 Knoblauchzehe • 3 EL Olivenöl • 1 Prise Chilipulver
200 g Salami am Stück • 100 g geriebener Pecorino**

☆☆☆☆☆☆☆☆☆☆☆☆☆☆☆☆☆☆☆☆☆☆☆☆☆☆☆☆☆

1 Kartoffeln schälen, waschen und in gleich große Stücke schneiden. In einem Topf mit Salzwasser nicht zu weich kochen. Dann in einem Sieb abtropfen lassen. Durch eine Kartoffelpresse oder ein grobes Sieb in eine Schüssel drücken und abkühlen lassen. Ein Brett mit Mehl bestäuben. Die Kartoffelmasse darauf geben und etwas salzen. Mit Mehl zu einem geschmeidigen Teig verkneten. Den Teig zehn Minuten ruhen lassen.

2 Tomaten häuten, Stielansätze und Kerne entfernen. Das Fruchtfleisch grob würfeln. Knoblauch abziehen und fein hacken. Öl in einer Kasserolle erhitzen und den Knoblauch darin dünsten. Tomaten zufügen, mit Salz und Chili würzen und bei schwacher Hitze zehn bis 15 Minuten schmoren lassen. Die Salami fein würfeln und am Ende der Garzeit zufügen. Salzen und pfeffern.

3 Den Gnocchiteig teilen und drei Zentimeter dicke Rollen daraus formen. Von jeder Rolle einen Zentimeter dicke Scheiben abschneiden und auf ein mit Mehl bestäubtes Küchentuch legen. Jede Gnocchi mit einer Gabel leicht eindrücken, sodass ein Rillenmuster entsteht.

4 Reichlich Salzwasser in einem großen Topf zum Kochen bringen. Die Gnocchi mit einem Schaumlöffel hineingeben und kurz garen. Sobald sie an die Oberfläche steigen, mit dem Schaumlöffel herausheben.

6 Die Gnocchi in eine Schüssel schichten. Jede Schicht mit etwas Tomaten-Salami-Sauce begießen und mit Pecorino bestreuen.

Zubereitungszeit: 115 Minuten
Brennwert pro Portion: 775 kcal/3255 kJ

Tomaten-Pilz-Gratin mit Speck

Für 4 Personen

✿ ✿

**100 g durchwachsener Bauchspeck • 2 Zwiebeln • 1/2 Stange Lauch
1 EL Olivenöl • 600 g Mischpilze (z.B. Champignons, Steinpilze,
Pfifferlinge) • 2 Knoblauchzehen • 350 g Fleischtomaten
1 EL gehackter Thymian • Salz • Pfeffer • 4 Eier • 2 EL süße Sahne
50 g geriebener mittelalter Gouda • 50 g Semmelbrösel (Paniermehl)
2 EL Butter oder Öl für die Form**

✿ ✿

1 Den Speck klein würfeln. Zwiebeln abziehen und fein hacken. Lauch putzen, waschen und in feine Ringe schneiden. Das Öl in einer Pfanne erhitzen. Den Speck darin knusprig braten, dann die Zwiebeln und den Lauch zufügen und acht bis zehn Minuten darin dünsten.

2 Die Pilze putzen, in dünne Scheiben schneiden und in die Pfanne geben. Bei mittlerer Hitze so lange dünsten, bis die Flüssigkeit verdampft ist. Den Knoblauch abziehen und durch eine Presse dazudrücken.

3 Die Tomaten häuten, von Stielansätzen und Kernen befreien. Das Fruchtfleisch grob hacken, zusammen mit dem Thymian zu den Pilzen geben, salzen und pfeffern. Das Gemüse vom Herd nehmen.

4 Die Eier in einer Schüssel mit der Sahne verquirlen und unter das Gemüse rühren.

5 Eine feuerfeste Form mit Öl auspinseln. Die Tomaten-Pilz-Masse einfüllen. Den Gouda mit den Semmelbröseln in einer Schüssel vermengen und darüber streuen. Zum Schluss Butterflöckchen darüber geben. Den Backofen auf 220 °C vorheizen und das Gratin etwa 35 Minuten backen, bis es eine goldbraune Kruste hat.

Zubereitungszeit: 100 Minuten
Brennwert pro Portion: 485 kcal/2037 kJ

Hirse-Tomaten-Gratin

Für 4 Personen

✿ ✿

**1/4 l Gemüsebrühe (Instant) • 125 g Hirse • 1 Bund Frühlingszwiebeln
400 g Tomaten • 250 g Sprossen • 2 EL Olivenöl • Salz • Pfeffer
2 EL gehackte Petersilie • 100 g geriebener mittelalter Gouda
Butter für die Form**

✿ ✿

1 Die Gemüsebrühe in einem mittelgroßen Topf zum Kochen bringen und die Hirse hineinstreuen. Bei schwacher Hitze etwa 20 Minuten lang quellen lassen.

2 Frühlingszwiebeln putzen, waschen und die weißen Pflanzenteile in feine Ringe schneiden. Die Tomaten von ihren Stielansätzen befreien und achteln. Die Sprossen unter fließendem Wasser waschen und in einem Sieb abtropfen lassen.

3 Das Öl in einer Pfanne erhitzen und die Frühlingszwiebeln darin dünsten. Die Tomaten hinzufügen und kurz garen, mit Salz und Pfeffer würzen. Die Hirse dazugeben.

4 Eine Auflaufform fetten und die Hirse-Tomatenmischung einfüllen. Den Käse darüber streuen.

5 Den Backofen auf 200 °C vorheizen und das Gratin auf der Mittelschiene 30 Minuten backen, bis die Kruste goldbraun ist.

Zubereitungszeit: 60 Minuten
Brennwert pro Portion: 325 kcal/1365 kJ

Unser Tipp

Das Hirsegratin schmeckt auch ganz ausgezeichnet, wenn Sie junge Erbsen in die Mischung geben.

Zucchini-Tomaten-Auflauf

Für 4 Personen

600 g Zucchini • 600 g Fleischtomaten • 3 Scheiben Vollkorntoast
5 EL Olivenöl • Salz • Pfeffer • 2 Knoblauchzehen
150 g Crème fraîche • 2 EL geriebener Emmentaler
3 EL gehackte gemischte Kräuter (Petersilie, Schnittlauch, Basilikum)

1 Stiel- und Blütenansatz der Zucchini entfernen und die Früchte in dünne Scheiben schneiden. Tomaten häuten und von den Stielansätzen befreien. Das Fruchtfleisch ebenfalls in dünne Scheiben schneiden. Das Toastbrot im Toaster oder in einer beschichteten Pfanne rösten und klein würfeln.

2 Eine Auflaufform mit zwei Esslöffeln Öl auspinseln. Die Zucchini dachziegelartig hineinschichten und mit Salz und Pfeffer würzen. Den Knoblauch abziehen und in eine Schüssel pressen. Crème fraîche dazugeben, gut verrühren und die Masse über die Zucchini streichen. Die Tomatenscheiben darauf verteilen, salzen und pfeffern.

3 Die Toastbrotwürfel mit dem Käse, den Kräutern und dem restlichen Öl in einer Schüssel mischen und auf dem Gemüse verteilen. Den Backofen auf 180 °C vorheizen und den Auflauf auf der Mittelschiene etwa 25 Minuten backen.

Zubereitungszeit: 60 Minuten
Brennwert pro Portion: 405 kcal/1701 kJ

Unser Tipp

Die Zucchini, die Sie zu diesem Rezept verwenden, sollten nicht zu groß sein. Kleine Zucchini machen zwar etwas mehr Arbeit, sie schmecken aber auch wesentlich besser als die großen Exemplare, die oft ein schwammiges Inneres haben und bei denen Sie die Kerne vor der Zubereitung entfernen müssen.

Spinat-Tomaten-Auflauf mit Hecht

Für 4 Personen

600 g Blattspinat (TK) • 2 Schalotten • 1 Knoblauchzehe
2 EL Olivenöl • Salz • Pfeffer • 1 Prise gemahlene Muskatnuss
125 g Crème double • 600 g Hechtfilet • 250 g Tomaten
100 g geriebener mittelalter Gouda

1 Den Spinat in ein Sieb geben, auftauen und abtropfen lassen. Schalotten und Knoblauch abziehen und fein hacken. Öl in einer Pfanne heiß werden lassen und beides darin dünsten. Den Spinat ausdrücken, dazugeben und etwa zehn Minuten bei geschlossenem Deckel und schwacher Hitze garen. Mit Salz, Pfeffer und Muskat würzen.

2 Eine Auflaufform fetten. Die Crème double zum Spinat geben und die Spinatmasse in eine Auflaufform füllen.

3 Das Hechtfilet unter kaltem Wasser abbrausen, trocken tupfen, auf beiden Seiten mit Salz und Pfeffer würzen und auf den Spinat legen.

4 Die Tomaten vom Stielansatz befreien, in Scheiben schneiden und auf dem Fischfilet verteilen. Leicht salzen und pfeffern.

5 Den Backofen auf 200 °C vorheizen. Den Auflauf mit Käse bestreuen und auf der Mittelschiene etwa 30 Minuten backen.

Zubereitungszeit: 65 Minuten (ohne Auftauzeit)
Brennwert pro Portion: 410 kcal/1722 kJ

Unser Tipp

Statt Hechtfilet können Sie für diesen Auflauf auch einen anderen festfleischigen (und günstigeren) Fisch verwenden, wie etwa Viktoriabarsch oder Rotbarsch.

Aufläufe

Seezungenröllchen
in Tomatensauce

Für 4 Personen

✿ ✿

**8 Seezungenfilets (Gesamtgewicht ca. 750 g) • 2 EL Zitronensaft
Salz • Pfeffer • 8 dünne Scheiben Frühstücksspeck
Für die Sauce: 2 EL Butter • 2 EL Tomatenmark
1/4 l heiße Gemüsebrühe • 1 Prise Zucker • 100 g Crème fraîche
Basilikumblätter zum Garnieren**

✿ ✿

1 Die Fischfilets mit kaltem Wasser waschen und trocken tupfen. Auf beiden Seiten mit Zitronensaft beträufeln, salzen und pfeffern. Jedes Filet mit einer Speckscheibe belegen, von der schmalen Seite her aufrollen und mit einem Zahnstocher feststecken.

2 Butter in einer Pfanne erhitzen und das Tomatenmark einrühren. Gemüsebrühe dazugießen und alles zum Kochen bringen. Die Sauce mit Salz, Pfeffer und Zucker würzen. Crème fraîche dazugeben.

3 Die Fischröllchen in die Sauce geben und im geschlossenen Topf bei schwacher bis mittlerer Hitze etwa 15 Minuten lang garen lassen. Auf vier Teller verteilen und mit Basilikumblättern garnieren.

Zubereitungszeit: 35 Minuten
Brennwert pro Portion: 470 kcal/1974 kJ

Unser Tipp

Zu diesem leichten Gericht schmeckt Basmatireis, etwas aufgeschnittenes Baguette oder eine Gemüsebeilage.
Wenn Sie keine Seezungenfilets bekommen können oder Ihnen der Preis zu hoch erscheint, können Sie ersatzweise Schollenfilets oder andere feste, dünn geschnittene Fischfilets verwenden. Für eine feine Gästebewirtung ist die zarte Seezunge mit ihrem besonders guten Geschmack aber unumstritten die beste Wahl.

Muscheln in Tomatensauce

Für 4 Personen

✿ ✿

**2 kg Miesmuscheln • 3 Schalotten • 2 Knoblauchzehen
1 kg reife Tomaten • 4 EL Olivenöl • 375 ml trockener Weißwein
Salz • Pfeffer • 1 Bund Petersilie**

✿ ✿

1 Die Muscheln unter fließendem kaltem Wasser gründlich abbürsten, Exemplare mit geöffneten Schalen aussortieren und wegwerfen.

2 Schalotten und Knoblauch abziehen und fein hacken. Die Tomaten häuten und den Stielansatz entfernen. Das Fruchtfleisch würfeln.

3 Das Öl in einem großen Topf erhitzen und die Schalotten und den Knoblauch darin leicht anbraten. Mit dem Wein ablöschen und kurz kochen lassen. Die Tomatenstückchen zufügen und zugedeckt 20 Minuten garen. Die Sauce mit Salz und Pfeffer würzen.

4 Die Muscheln in die kochende Sauce geben und acht bis zehn Minuten darin garen. Immer wieder umrühren.

5 Petersilie fein hacken und kurz vor Ende der Garzeit über die Muscheln geben. Kurz ziehen lassen und servieren.

Zubereitungszeit: 75 Minuten
Brennwert pro Portion: 300 kcal/1260 kJ

Unser Tipp

Zu diesem pikanten Muschelgericht schmeckt Baguette oder Ciabatta. Oder Sie kochen in einem Topf mit reichlich Salzwasser Tagliatelle, gießen sie nach der Garzeit in ein Sieb ab und mischen Sie mit den Muscheln.
Muscheln sind heute nicht mehr so saisongebunden wie früher, aber am besten schmecken sie immer noch in den »Monaten mit r«.

Fusilli mit getrockneten Tomaten und Brokkoli

Für 4 Personen

400 g Fusilli • 600 g Brokkoli • 12 getrocknete Tomaten in Öl
4 EL Olivenöl • 1 EL Butter • 2 TL Majoran • Salz • Pfeffer
4 EL geriebener Pecorino

1 Fusilli in einem großen Topf mit reichlich Salzwasser garen, bis sie bissfest sind. In ein Sieb geben und gut abtropfen lassen.

2 Den Brokkoli in Röschen zerteilen. In einem Topf mit reichlich Salzwasser garen, in ein Sieb geben und abtropfen lassen. Die getrockneten Tomaten abtropfen lassen und in feine Streifen schneiden.

3 Öl und Butter in einer Pfanne erhitzen. Die Fusilli darin schwenken. Brokkoli, Tomaten und Majoran dazugeben und alles kurz heiß werden lassen. Salzen und pfeffern. Mit Pecorino bestreut servieren.

Zubereitungszeit: 30 Minuten
Brennwert pro Portion: 600 kcal/2520 kJ

Unser Tipp

Wenn es schnell gehen soll, probieren Sie einmal die Tomaten-Salbei-Sauce, die Sie mit Farfalle, Spaghetti oder Penne rigate servieren können. Sie brauchen dazu einen Esslöffel Butter, einen Esslöffel Mehl, 100 Milliliter Gemüsebrühe, 500 Milliliter Tomatenpüree, 100 Gramm süße Sahne, Salz, Pfeffer, Zucker, Paprikapulver und zwei Esslöffel gehackten Salbei. Zerlassen Sie die Butter in einer Pfanne, und schwitzen Sie das Mehl darin an. Die Gemüsebrühe unter ständigem Rühren dazugießen und zum Kochen bringen. Jetzt das Tomatenpüree und die Sahne zufügen und die Sauce bei schwacher Hitze zehn Minuten kochen lassen. Mit Salz, Pfeffer, etwas Zucker und Paprikapulver kräftig würzen und am Ende der Garzeit den Salbei unterrühren. Die bissfest gegarten Nudeln sofort mit der Sauce vermischen und servieren.

Spaghetti mit Tomatenpesto

Für 4 Personen

✿ ✿

**200 g getrocknete Tomaten in Öl • 75 g Pinienkerne
je 1 Bund Basilikum und Petersilie • 2 Knoblauchzehen
3 EL Olivenöl • Salz • Pfeffer • 1 Prise Zucker
500 g Spaghetti • 2 EL Butter**

✿ ✿

1 Die Tomaten in einem feinen Sieb abtropfen lassen und in kleine Stücke schneiden. Pinienkerne hacken und in einer beschichteten Pfanne ohne Fett rösten, bis sie goldgelb sind. Vom Basilikum einige Blätter zum Garnieren beiseite legen. Das restliche Basilikum und die Petersilie fein hacken.

2 Den Knoblauch abziehen und durch eine Presse in eine Schüssel drücken. Mit den Tomaten, Pinienkernen, Kräutern und Öl verrühren. Salz, Pfeffer und Zucker dazugeben und gut verrühren. Zugedeckt beiseite stellen und einige Minuten ziehen lassen.

3 In einem großen Topf reichlich Salzwasser zum Kochen bringen und die Spaghetti darin bissfest garen. In ein Sieb geben und abtropfen lassen.

4 Die Butter in einer Pfanne erhitzen und die Nudeln darin schwenken. Das Tomatenpesto darunter mischen. Auf Teller verteilen und mit den Basilikumblättern garniert servieren.

Zubereitungszeit: 45 Minuten
Brennwert pro Portion: 830 kcal/3486 kJ

Unser Tipp

Tomatenpesto ist eine besonders aromatische Variante des klassischen grünen Pesto, das im norditalienischen Ligurien seine Heimat hat. Es lässt sich auch gut auf Vorrat herstellen und ist, hübsch verpackt, ein schönes Mitbringsel für Freunde.

Tagliatelle mit grüner Tomatensauce

Für 4 Personen

400 g Tagliatelle • 500 g grüne Tomaten
250 g reife Tomaten • 1 Zwiebel
3 Knoblauchzehen • 4 EL Olivenöl • 1/8 l Gemüsebrühe (Instant)
3 EL Weißweinessig • Salz • Zucker • Tabasco
3–4 EL gemischte gehackte Kräuter (Basilikum, Petersilie, Rosmarin)

1 Die Tomaten von ihren Steilansätzen befreien und die Früchte grob würfeln. Die Zwiebel und den Knoblauch abziehen und fein hacken.

2 Das Öl in einer Kasserolle erhitzen und Zwiebel und Knoblauch darin glasig dünsten. Die Tomaten zufügen und kurz mitbraten. Gemüsebrühe und Essig dazugießen. Die Sauce mit Salz, Zucker und Tabascosauce würzen.

3 Die Sauce zugedeckt bei schwacher Hitze eine halbe Stunde kochen lassen. Durch ein feines Sieb geben. Nochmals aufkochen und die Kräuter zufügen. Mit den Gewürzen abschmecken.

4 In einem Topf reichlich Salzwasser zum Kochen bringen und die Tagliatelle darin bissfest garen. In ein Sieb geben, abtropfen lassen und sofort mit der grünen Tomatensauce vermischen. Auf Teller verteilen und servieren.

Zubereitungszeit: 60 Minuten
Brennwert pro Portion: 155 kcal/651 kJ

Unser Tipp

Dieses Rezept eignet sich gut zur Verarbeitung von unreifen Tomaten aus dem eigenen Garten, die im Spätsommer nicht mehr vollständig ausreifen konnten. Aber natürlich können Sie die Sauce auch mit reifen Tomaten zubereiten. Der Geschmack wird dann voller und süßlicher. Darauf sollten Sie beim Abschmecken achten.

Farfalle mit napoletanischer Tomatensauce

Für 4 Personen

✩ ✩

400 g Farfalle • 1 Möhre • 2 Stangen Sellerie • 2 Zwiebeln
50 g durchwachsener Bauchspeck • 4 EL Olivenöl
200 ml trockener Rotwein • 1 kg Tomaten • 1 Zweig Oregano
Salz • Pfeffer • 2 EL gehacktes Basilikum

✩ ✩

1 Die Möhre schälen und klein würfeln. Den Stangensellerie in sehr feine Ringe schneiden. Die Zwiebeln abziehen und fein hacken. Den Speck klein würfeln.

2 In einer Kasserolle oder Pfanne das Olivenöl erhitzen. Die Möhre, den Sellerie, die Zwiebeln und den Speck darin kurz anbraten. Den Rotwein dazugießen und bei starker Hitze auf etwa die Hälfte einkochen lassen.

3 Die Tomaten häuten, Stielansätze und Kerne entfernen. Das Fruchtfleisch klein würfeln und zum übrigen Gemüse geben. Die Oreganoblätter abzupfen und zufügen. Mit Salz und Pfeffer würzen.

4 Die Sauce unter häufigem Rühren etwa 30 Minuten bei schwacher Hitze kochen lassen, bis sie dickflüssig ist. Am Ende der Garzeit nochmals abschmecken.

5 Nach Belieben mit dem Stabmixer grob pürieren.

6 Das Basilikum dazugeben.

7 Farfalle in einem Topf mit reichlich Salzwasser bissfest garen. In einem Sieb abtropfen lassen und sofort mit der Sauce mischen. Mit Parmesan bestreut servieren.

Zubereitungszeit: 75 Minuten
Brennwert pro Portion: 295 kcal/1239 kJ

Wildreisrisotto mit Tomaten

Für 4 Personen

☆ ☆

2 Schalotten • 2 EL Öl
250 g Risottoreis (oder anderen Rundkornreis, z.B. Milchreis)
100 g Wildreis • 1/2 l heiße Gemüsebrühe (Instant) • 600 g Tomaten
1 EL Butter • 2 EL gehackte Petersilie • 150 g süße Sahne
Salz • Pfeffer • 100 g geriebener Parmesan

☆ ☆

1 Die Schalotten abziehen und fein hacken. Das Öl in einem Topf erhitzen. Schalotten, Risottoreis und Wildreis hineingeben und darin glasig werden lassen. Die Hälfte der Gemüsebrühe dazugießen. Den Reis zum Kochen bringen und zugedeckt bei schwacher Hitze 35 Minuten garen. Dabei immer wieder umrühren und Gemüsebrühe dazugeben, sobald die Masse zu fest wird.

2 Tomaten häuten, den Stielansatz und die Kerne entfernen. Das Fruchtfleisch grob hacken. Die Butter in einem Topf erhitzen und die Tomatenstückchen zufügen. Unter Rühren garen, bis der Großteil des Wassers verdampft ist.

3 Tomaten, Petersilie und Sahne unter den Reis mischen. Den Risotto unter häufigem Rühren in 10 bis 15 Minuten fertig garen. Mit Salz und Pfeffer abschmecken und den Parmesan darunter mischen. Auf vier Teller verteilen und servieren.

Zubereitungszeit: 60 Minuten
Brennwert pro Portion: 635 kcal/2667 kJ

Unser Tipp

Das Geheimnis eines gelungenen Risottos ist das langsame Garen, bei dem Sie die Kochflüssigkeit nach und nach dazugeben und immer wieder sanft umrühren. So wird der Risotto schön cremig.

Tomatentortilla

**500 g Kartoffeln • 100 g Champignons • 2 Zwiebeln
6 EL Olivenöl • Salz • Pfeffer • gemahlener Kümmel
400 g Tomaten • 6 Eier • Paprikapulver (edelsüß)
100 g geriebener Emmentaler
2 EL Schnittlauchröllchen**

1 Kartoffeln schälen, waschen und mit dem Gemüsehobel in dünne Scheiben schneiden. Auf Küchenpapier ausbreiten, damit die Flüssigkeit aufgesaugt wird. Die Champignons putzen und in dünne Scheiben schneiden. Die Zwiebeln abziehen und fein hacken.

2 Das Öl in zwei große Pfannen geben und erhitzen. Jeweils die Hälfte der Zwiebeln darin glasig werden lassen. Kartoffeln und Pilze auf die Pfannen verteilen, salzen, pfeffern und mit etwas Kümmel bestreuen. Gelegentlich wenden und etwa 15 Minuten braten.

3 Tomaten häuten, die Stielansätze und Kerne entfernen. Das Fruchtfleisch in einen halben Zentimeter dicke Scheiben schneiden.

4 Die Kartoffel-Pilz-Masse in den Pfannen mit der Pfannenheber flach drücken. Je drei Eier und etwas Paprikapulver in einer Schüssel verquirlen und über das Gemüse gießen. Die Pfannen schwenken, damit sich die Masse gleichmäßig verteilt. Tomatenscheiben darauf verteilen. Den Käse darüber streuen und mit Pfeffer abschmecken.

5 Die Eier bei schwacher Hitze etwa zehn Minuten stocken lassen. Dann jede Tortilla mit Hilfe eines großen flachen Tellers vorsichtig wenden und noch fünf Minuten braten. Die Tortillas halbieren und mit Schnittlauch servieren.

Zubereitungszeit: 60 Minuten
Brennwert pro Portion: 475 kcal/1995 kJ

Tomatenpuffer

Für 4 Personen

✿ ✿

**150 g getrocknete Tomaten in Öl • 750 g Kartoffeln • 1 Ei • 30 g Mehl
1 EL fein gehackter Rosmarin • Salz • 1 Prise Cayennepfeffer
Olivenöl zum Braten**

✿ ✿

1 Die Tomaten in einem Sieb abtropfen lassen und in kleine Stücke schneiden. Kartoffeln schälen und mit einem Gemüsehobel in eine Teigschüssel raspeln. Die Eier mit dem Mehl verquirlen und zu den Kartoffeln geben. Tomatenstückchen und Rosmarin darunter mischen. Mit Salz und Cayennepfeffer würzen.

2 In zwei großen Pfannen etwas Öl erhitzen. Den Teig esslöffelweise hineingeben und mit einem Pfannenheber flach drücken.

3 Die Puffer bei mittlerer Hitze zehn bis 15 Minuten auf beiden Seiten goldbraun braten.

Zubereitungszeit: 45 Minuten
Brennwert pro Portion: 325 kcal/1365 kJ

Unser Tipp

Die Tomatenpuffer machen sich gut zu Lammragout, Geschnetzeltem, Räucherlachs oder gebratener Geflügelleber.
Zusammen mit einer bunten Salatplatte und einer Sauce aus Crème fraîche, Tomatenmark und Basilikum sind sie auch ein feines vegetarisches Hauptgericht.
Eine feine Mischung ergibt sich auch, wenn Sie klassische Kartoffelpuffer und Tomatenpuffer zubereiten und beide als Beilage servieren. Sie können die Puffer mit den verschiedensten Gewürzen immer wieder neu und immer wieder schmackhaft abwandeln, zum Beispiel mit Thymian, Basilikum oder Schnittlauch.

Tomatencrêpes
mit Avocadocreme

Für 4 Personen

125 g Mehl • 150 ml Milch • 150 ml Mineralwasser • 3 Eier • 1 Eigelb
1 Prise Salz • 500 g Tomaten • Pflanzenöl zum Backen
Für die Avocadocreme: 1 große, reife Avocado • 1 kleine Chilischote
1–2 EL Limettensaft • Salz • Pfeffer • Zucker

1 Das Mehl in eine Schüssel geben und mit Milch, Mineralwasser, den Eiern, dem Eigelb und Salz zu einem glatten Teig verrühren. Den Teig beiseite stellen und zugedeckt 30 Minuten quellen lassen.

2 Tomaten häuten, Stielansätze und Kerne entfernen und das Fruchtfleisch klein würfeln.

3 Die Avocado halbieren und vom Stein befreien. Das Fruchtfleisch mit einem Löffel aus der Schale lösen. Die Chilischote entkernen und fein hacken. Zusammen in einer Schüssel mit dem Stabmixer pürieren. Mit Limettensaft, Salz, Pfeffer und etwas Zucker würzen.

4 Den Backofen auf niedrigster Stufe vorheizen. Eine Crêpepfanne dünn mit Öl auspinseln, etwas Teig hineingeben und durch Schwenken der Pfanne gleichmäßig verteilen. Die Crêpe bei mittlerer Hitze auf beiden Seiten backen, bis sie goldbraun ist. Herausnehmen, auf Küchenpapier entfetten und auf einem Teller im Ofen warm stellen.

5 Insgesamt acht dünne Crêpes backen.

6 Die Crêpes mit der Avocadocreme bestreichen und mit den Tomatenstückchen bestreuen. Ein- oder zweimal in der Mitte zusammenfalten und sofort servieren.

Zubereitungszeit: 70 Minuten
Brennwert pro Portion: 420 kcal/1764 kJ

Puffer und Crêpes

Auberginenschnecken auf Tomaten-Concassée

Für 4 Personen

✧ ✧

200 g Ricotta • 75 g geriebener Pecorino • 1 Eigelb
gemahlene Muskatnuss • 2 EL gehacktes Basilikum
Für das Concassée: 700 g Tomaten • 2 Schalotten • 1 EL Butter
2 cl trockener Rotwein • 1 EL Kapern • Salz • Pfeffer
2 EL gehacktes Basilikum
Für die Auberginenschnecken: 2 schmale Auberginen (ca. 400 g)
4 EL Olivenöl • 2 Knoblauchzehen • Salz • Pfeffer • Chilipulver
Olivenöl zum Braten

✧ ✧

1 Ricotta in eine Schüssel geben und cremig rühren. Mit Pecorino, Eigelb, Muskat und Basilikum mischen. Eine Stunde kühl stellen.

2 Die Tomaten häuten, Stielansätze und Kerne entfernen. Das Fruchtfleisch fein würfeln. Schalotten abziehen und fein hacken. Die Butter in einem Topf erhitzen und die Schalotten darin dünsten. Die Tomatenstückchen zufügen und kurz garen. Den Rotwein dazugießen und bei starker Hitze einkochen lassen. Die Kapern darunter rühren, salzen und pfeffern und alles fünf Minuten garen. Basilikum darunter mischen. Warm stellen.

3 Stiel- und Blütenansatz der Auberginen entfernen, die Früchte längs in dünne Scheiben schneiden und mit dem Öl bepinseln. Den Knoblauch abziehen und durch eine Presse in eine kleine Schüssel drücken. Mit Salz, Pfeffer und Chilipulver würzen und auf den Auberginen verteilen. Die Auberginen in einer großen Pfanne auf beiden Seiten anbraten.

4 Die Auberginen mit der Ricottamischung bestreichen und der Länge nach aufrollen. Mit Holzstäbchen fixieren. Das Concassée auf vier Teller verteilen und die Auberginenschnecken darauf setzen.

Zubereitungszeit: 80 Minuten
Brennwert pro Portion: 485 kcal/2037 kJ

Focaccia

Für 4 Personen

☆ ☆

**400 g Mehl • 1/2 TL Salz • 20 g Hefe • 150 ml lauwarmes Wasser
400 g Tomaten • 6 Knoblauchzehen • 8 EL Olivenöl • Salz
getrockneter Oregano**

☆ ☆

1 Das Mehl mit dem Salz vermischen und in eine Schüssel sieben. In die Mitte eine Mulde drücken. Die Hefe hineinbröckeln und mit der Hälfte des Wassers und etwas Mehl vom Rand her zu einem Vorteig verkneten. Die Schüssel gut abdecken und den Teig an einem warmen Ort 15 Minuten gehen lassen.

2 Das restliche lauwarme Wasser dazugeben und mit dem restlichen Mehl zu einem geschmeidigen Teig verkneten; bei Bedarf noch Wasser zufügen. Den Teig zu einer Kugel formen, diese leicht mit Mehl bestäuben und mit einem Küchentuch bedeckt bei Raumtemperatur gehen lassen, bis sich ihr Umfang verdoppelt hat.

3 Tomaten häuten, Stielansätze und Kerne entfernen. Das Fruchtfleisch fein würfeln. Den Knoblauch abziehen und in feine Stifte schneiden.

4 Ein Backblech mit der Hälfte des Olivenöls bestreichen. Den Teig nochmals gut durchkneten und auf dem Blech verteilen. Mit dem Handballen gleichmäßig flach drücken. Mit einem Löffelstiel in regelmäßigen Abständen Löcher in die Teigoberfläche stechen und diese mit den Tomaten- und Knoblauchstückchen füllen.

5 Die Focaccia mit Salz und Oregano bestreuen und dem restlichen Olivenöl beträufeln. Den Backofen auf 200 °C vorheizen und die Focaccia auf der Mittelschiene 20 bis 25 Minuten backen.

Zubereitungszeit: 80 Minuten (ohne Gehzeit für den Teig)
Brennwert pro Portion: 575 kcal/2415 kJ

Schnelle Pizza Margherita

Für 4 Personen

☆ ☆

Für den Teig: 250 g Magerquark • 2 Eigelb • 3 EL Olivenöl
1/2 TL Salz • 400 g Mehl • 1 Päckchen Backpulver
Für den Belag: 400 g Tomaten • 1 Bund Basilikum • 250 g Mozzarella • Salz
Pfeffer • 3 EL Olivenöl • 3 EL geriebener Parmesan

☆ ☆

1 Den Quark in einer großen Schüssel mit den Eigelben, dem Öl und dem Salz verrühren. Das Mehl mit dem Backpulver mischen und nach und nach darunter kneten, bis ein glatter, geschmeidiger Teig entsteht. Dünn auf einem mit Backpapier ausgelegten Backblech ausrollen und einen kleinen Rand formen.

2 Die Tomaten häuten, Stielansätze und Kerne entfernen. Das Fruchtfleisch fein würfeln und das Basilikum fein hacken. Den Mozzarella in dünne Scheiben schneiden.

3 Die Tomatenstückchen und das Basilikum auf dem Teig verteilen. Mit Salz und Pfeffer würzen. Die Mozzarellascheiben darauf legen und Olivenöl darüber träufeln. Zum Schluss die Pizza mit dem Parmesan bestreuen.

4 Den Backofen auf 180 °C vorheizen und die Pizza etwa 30 Minuten backen.

Zubereitungszeit: 70 Minuten
Brennwert pro Portion: 780 kcal/3276 kJ

Unser Tipp

Statt des Quark-Öl-Teigs können Sie selbstverständlich auch einen klassischen Hefeteig verwenden. Hinweise zur Zubereitung finden Sie auf Seite 80. Besonders gut wird der Hefeteig, wenn Sie ein etwas dunkleres Weizenmehl verwenden. Dann sollten Sie allerdings die Gehzeit für den Teig verlängern.

Tomatenquiche mit Gorgonzola

Für 4 Personen

✩ ✩

200 g Mehl • 1 Prise Salz • 100 g kalte Butter
75 ml Wasser • 2 EL Butter für die Form
Für den Belag: 500 g Tomaten • 10 schwarze Oliven ohne Stein
1/2 Bund Basilikum • 150 g Gorgonzola • 3 Eier
250 g süße Sahne • Pfeffer

✩ ✩

1 Das Mehl mit dem Salz mischen und in eine Schüssel sieben. Butter in kleine Würfel schneiden und mit dem Mehl verkneten. In die Mitte eine Mulde drücken und das Wasser zufügen. Alle Zutaten zu einem geschmeidigen Teig verkneten. Den Teig zu einer Kugel formen, fest in Klarsichtfolie wickeln und 30 Minuten im Kühlschrank ruhen lassen.

2 Eine Arbeitsfläche leicht mit Mehl bestäuben und den Teig kreisförmig ausrollen. Zwei Esslöffel Butter in einem kleinen Topf schmelzen und eine Quiche-Form mit 28 Zentimeter Durchmesser damit auspinseln. Den Teig hineinlegen, einen Rand formen und den Boden mehrmals mit einer Gabel einstechen. Die Form mit Klarsichtfolie abdecken und eine Stunde in den Kühlschrank stellen.

3 Tomaten häuten, Stielansätze und Kerne entfernen und das Fruchtfleisch achteln. Oliven in feine Ringe schneiden und das Basilikum fein hacken.

4 Tomaten, Oliven und Basilikum auf dem Teig verteilen. Die Eier in einer Schüssel mit der Sahne verquirlen, salzen und pfeffern und über die Tomaten und Oliven gießen. Den Gorgonzola zerkrümeln und darüber streuen.

5 Den Ofen auf 220 °C vorheizen und die Quiche auf der Mittelschiene etwa 40 Minuten backen.

Zubereitungszeit: 100 Minuten (ohne Ruhezeit)
Brennwert pro Portion: 790 kcal/3318 kJ

Tomatentarte mit Schinken

Für 4 Personen

250 g Mehl • 100 g kalte Butter • 1 Eigelb • 1 EL Wasser
Für den Belag: 2 EL Olivenöl • 1 EL Tomatenmark
600 g Eiertomaten • 4 Schalotten • 1 EL Butter
125 g gekochter Schinken • 10–12 Basilikumblätter • Salz • Pfeffer
200 g Mozzarella • Öl und Mehl für die Form
zwei Hand voll getrocknete Bohnen oder Erbsen zum Blindbacken

1 Das Mehl in eine Schüssel sieben, mit Butter, Eigelb und Wasser rasch zu einem geschmeidigen glatten Teig verkneten. Zu einer Kugel formen, in Klarsichtfolie wickeln und 30 Minuten kühl stellen.

2 Den Backofen auf 220 °C vorheizen. Eine Tarteform mit 20 Zentimeter Durchmesser mit Öl ausfetten und leicht mit Mehl bestäuben.

3 Eine Arbeitsfläche mit Mehl bestäuben und den Teig kreisförmig darauf ausrollen. Die Form damit auslegen und einen Rand hochziehen. Den Teig mit Pergamentpapier bedecken. Getrocknete Bohnen (Erbsen) darauf geben und 15 Minuten blindbacken. Herausnehmen, Bohnen (Erbsen) und Papier entfernen. Den Teig mit Öl und Tomatenmark bestreichen.

4 Tomaten häuten, Stielansätze und Kerne entfernen. Das Fruchtfleisch klein würfeln. Schalotten abziehen und fein hacken. Butter in einer Kasserolle erhitzen und Tomaten mit Schalotten darin weich dünsten. Vom Herd nehmen und die überschüssige Flüssigkeit abgießen. Die Mischung auf dem Teig verteilen.

5 Den Schinken klein würfeln und auf der Tomatenmasse verteilen. Basilikum in feine Streifen schneiden und darüber streuen. Mit Salz und Pfeffer würzen. Mozzarella würfeln und darüber streuen. Etwa 20 Minuten backen.

Zubereitungszeit: 105 Minuten (ohne Ruhezeit)
Brennwert pro Portion: 705 kcal/2961 kJ

À la française

Tomatenplätzchen mit Feta

Für 4 Personen

✦ ✦

**150 g getrocknete Tomaten in Öl • 150 g Schafskäse (Feta)
500 g Mehl • 1 TL Salz • 1/2 Päckchen Backpulver • 2 EL weiche Butter
300 g Naturjogurt (3,5 % Fett) • Mehl zum Ausrollen • etwas Milch**

✦ ✦

1 Die Tomaten abtropfen lassen und sehr klein schneiden. Den Feta klein würfeln.

2 Das Mehl in einer großen Schüssel mit dem Salz und dem Backpulver mischen. Butter, Jogurt, Tomaten und Feta zufügen und alle Zutaten zu einem glatten Teig verkneten.

3 Eine Arbeitsfläche mit Mehl bestäuben und den Teig darauf ein bis zwei Zentimeter dick ausrollen.

4 Mit einer runden Ausstechform oder einem Glas 20 Plätzchen ausstechen und auf ein mit Backpapier ausgelegtes Blech legen.

5 Die Tomatenplätzchen mit etwas Milch bestreichen. Den Backofen auf 200 °C vorheizen und die Plätzchen auf der zweiten Schiene von unten etwa 25 Minuten backen.

Zubereitungszeit: 60 Minuten
Brennwert pro 5 Stück: 695 kcal/2919 kJ

Unser Tipp

Die Tomatenplätzchen schmecken gut als Knabberei zu einem kräftigen Weißwein oder vor dem Essen zu einem Sherry oder zu einem anderen Aperitif.
Auch auf einem Büfett sind sie eine willkommene Abwechslung. Sie sollten allerdings möglichst frisch und noch warm verzehrt werden.

Feurige Tomatensalsa

300 g Tomaten • 1 rote Chilischote • 1 Schalotte
2 EL gehackter Koriander • 2 EL Limettensaft
1 TL Chilisauce • 1 TL Zucker

1 Den Stielansatz der Tomaten entfernen und das Fruchtfleisch klein würfeln. Die Chilischote im Grill oder mit Hilfe einer Gabel über einer Gasflamme rösten, bis die Haut schwarz wird und Blasen wirft. Die Schote abziehen, entkernen und sehr fein hacken. Die Schalotte abziehen und ebenfalls fein hacken.

2 Alle Zutaten gut in einer Schüssel vermischen und abgedeckt eine halbe Stunde lang ziehen lassen. In ein sterilisiertes Glas mit Schraubverschluss füllen und fest verschließen.

Zubereitungszeit: 25 Minuten (ohne Marinierzeit)
Brennwert pro Glas: 30 kcal/126 kJ

Unser Tipp

Die Salsa hält etwa eine Woche. Wenn Sie sie jedoch einmal kräftig durchkochen, dann in das sterilisierte Schraubglas füllen und das Glas fest verschließen, können Sie die Salsa auch einige Wochen aufheben, am besten an einem dunklen, kühlen Platz, zum Beispiel im Keller. Sie wird durch das längere Durchziehen immer besser im Geschmack.
Die Einsatzmöglichkeiten der Tomatensalsa sind fast unbegrenzt. Sie schmeckt gut zu mexikanischen Gerichten oder gegrilltem Fleisch, aber auch als Dip zu Tacos oder Tortilla-Chips.
Versuchen Sie sie aber auch einmal als Belag für ein besonders pikantes Pizzabrot, als Sauce zum festlichen Silvesterfondue oder zu einer Vorspeise mit Avocados. Sie werden sehen, es lohnt sich, einen kleinen Vorrat anzulegen.

Kreolische Sauce

☆ ☆

**350 g Tomaten • 1 Zwiebel • 1 Knoblauchzehe
1/2 Stange Staudensellerie • 50 g schwarze Oliven ohne Stein
1 rote Chilischote • 1 EL Zitronensaft • 1 EL Orangensaft
2 EL Olivenöl • 1/2 TL gemahlener Ingwer
1 Prise Zucker • Salz • Pfeffer**

☆ ☆

1 Die Tomaten häuten, Stielansätze und Kerne entfernen. Das Fruchtfleisch sehr klein würfeln.

2 Die Zwiebel und den Knoblauch abziehen und fein hacken. Den Staudensellerie klein würfeln und die Oliven fein hacken. Die Chilischote entkernen und ebenfalls sehr fein hacken.

3 Das Gemüse in einer Schüssel mit Zitronen- und Orangensaft, Öl, Ingwer und Zucker vermischen. Mit Salz und Pfeffer abschmecken.

Zubereitungszeit: 35 Minuten
Brennwert pro Portion: 105 kcal/441 kJ

Unser Tipp

Zu geröstetem Weißbrot als Vorspeise oder als Dip für Chips oder Meeresfrüchte passt die Kreolische Sauce besonders gut. Es lassen sich aber auch viele andere köstliche Verwendungen finden. Zum Fondue in großer Runde, als Abwechslung bei einem sommerlichen Grillfest, als Beigabe zum Steak oder zum Schweinefilet, zu einer deftigen Fleisch-Gemüsepfanne – der kleine Aufwand lohnt sich immer wieder.
Die Sauce sollte maximal einen Tag im Kühlschrank aufbewahrt werden.
Sie können die Sauce geschmacklich abwandeln, indem Sie den Orangensaft durch einen anderen Fruchtsaft ersetzen, zum Beispiel Pfirsich-, Ananas- oder Mangosaft.

Pikante Saucen

Amerikanische Barbecuesauce

Ergibt 500 Milliliter

1 kg Tomaten • 1 Zwiebel • 3 Knoblauchzehen • 2 EL Olivenöl
2 EL Zucker • 4 EL Weißweinessig • 2 EL Worcestershire-Sauce
1 EL Tomatenmark • 1 EL Curry • Salz • Pfeffer

1 Tomaten häuten, Stielansätze und Kerne entfernen. Das Fruchtfleisch klein würfeln. Die Zwiebel und den Knoblauch abziehen und fein hacken.

2 Das Öl in einer Pfanne erhitzen und die Zwiebel mit dem Knoblauch darin dünsten.

3 Die Tomaten und alle übrigen vorbereiteten Zutaten zufügen und die Sauce unter häufigem Umrühren etwa 30 Minuten bei mittlerer Hitze garen lassen, bis sie eingedickt ist.

4 Mit Salz und Pfeffer abschmecken.

Zubereitungszeit: 70 Minuten
Brennwert pro Portion: 160 kcal/672 kJ

Unser Tipp

Diese amerikanische Barbecuesauce ist ein echter Klassiker und schmeckt frisch zubereitet viel besser als alle Saucen, die Sie im Supermarktregal finden können. Sie macht sich besonders gut als Beilage zu jedem gegrillten Fleisch, sei es Geflügel, Schweine- oder Rindfleisch.
Traditionell verwendet man die Barbecuesauce dazu, Spareribs, Hühnerschenkel oder -flügel oder anderes Grillfleisch bereits während des Grillens immer wieder zu bestreichen, damit das Fleisch würzig wird und nicht austrocknet. Auch zum Marinieren vor dem Grillen können Sie sie verwenden. Die Sauce kann etwa drei Tage im Voraus zubereitet und im Kühlschrank aufbewahrt werden.

Thailändische Tomatenpaste

Ergibt 300 Milliliter

**500 g Tomaten • 50 g frischer Ingwer • 2 Stangen Zitronengras
1 unbehandelte Limette • 1 kleine rote Chilischote • 1 Knoblauchzehe
100 g Fruchtfleisch einer Mango • 1 TL Zucker • 1/2 TL Salz
1 Prise Kreuzkümmel**

1 Die Tomaten häuten, Stielansätze und Kerne entfernen. Das Fruchtfleisch grob würfeln. Ingwer schälen und zusammen mit dem Zitronengras sehr fein hacken. Die Limette auspressen und die Schale abreiben. Die Chilischote entkernen und sehr fein hacken. Den Knoblauch abziehen und durch eine Presse drücken. Das Mangofruchtfleisch grob würfeln.

2 Die vorbereiteten Zutaten zusammen mit den Gewürzen in einen Topf geben. Zucker, Salz und Kreuzkümmel zufügen. Alles ohne Deckel bei schwacher Hitze in 25 bis 30 Minuten einkochen lassen. Dabei immer wieder umrühren.

3 Die eingedickte Masse mit dem Stabmixer kurz pürieren, noch heiß in ein sterilisiertes Glas füllen und fest verschließen. Das Glas auf den Kopf stellen und abkühlen lassen.

Zubereitungszeit: 75 Minuten
Brennwert pro 100 Milliliter: 245 kcal/1029 kJ

Unser Tipp

Das Glas mit der thailändischen Tomatenpaste sollten Sie umdrehen und so im Kühlschrank lagern. Verschlossen hält sich die Paste etwa zwei Wochen. Nach Anbruch sollten Sie sie innerhalb weniger Tage verbrauchen.
Die Tomatenpaste ist ein fruchtig-pikanter Brotaufstrich, würzt aber auch hervorragend alle asiatischen Gerichte und macht sich gut zu Kurzgebratenem oder Grillfleisch.

Aus fernen Ländern

Getrocknete Tomaten mit Feta in Öl

Ergibt 750 Milliliter

✿ ✿

**300 g Feta • 125 g getrocknete Tomaten
4 kleine, frische, rote Chilischoten • 1 EL getrockneter Oregano
1 EL schwarze Pfefferkörner • 2 Zweige frischer Rosmarin
Kalt gepresstes Olivenöl**

✿ ✿

1 Den Feta würfeln. Dann die Käsewürfel zusammen mit den Tomaten, den Chilischoten, den Gewürzen und dem Rosmarin in ein sterilisiertes Glas füllen.

2 Mit Olivenöl auffüllen. Das Glas fest verschließen und im Kühlschrank aufbewahren.

Zubereitungszeit: 10 Minuten
Brennwert (Einlage ohne Öl): 1200 kcal/5040 kJ

Unser Tipp

Solange das Glas ungeöffnet ist, sind die eingelegten Tomaten mit Feta im Kühlschrank vier bis sechs Wochen haltbar. Einmal angebrochen, sollten sie innerhalb weniger Tage verbraucht werden. Dann sollten Sie darauf achten, dass die Mischung immer ganz von Olivenöl bedeckt ist, damit keine Luft an die Tomaten und den Käse kommt.
Wenn Sie kein Freund von Schafskäse sind, können Sie den milderen Feta aus Kuhmilch verwenden. Oder Sie weichen auf kleine Mozzarella-Kugeln aus. Sie schmecken schön mild und sehen sehr hübsch aus.
Die getrockneten Tomaten mit Feta eignen sich gut als frische Vorspeise oder als Beilage zu gegrilltem oder gebratenem Fleisch. Das Glas ist, schön verpackt, ein nettes Mitbringsel zu einem Gartenfest und ein schmackhaftes Geschenk für Freunde.
Das Rezept nimmt fast keine Zeit in Anspruch; allerdings sollte die Mischung vor dem Verzehren einige Zeit durchziehen.

Süßsaure Ingwer-Tomaten

* *

**1 kg gelbe und rote Kirschtomaten • 1 Bund Frühlingszwiebeln
50 g frischer Ingwer • 1/4 l Weißweinessig • 6 Gewürznelken
12 Pfefferkörner • 1 EL Senfkörner • 150 g brauner Zucker
1/2 TL Salz**

* *

1 Die Tomaten halbieren. Frühlingszwiebeln putzen, waschen und die weißen Pflanzenteile in Ringe schneiden.

2 Den Ingwer schälen und in feine Scheiben schneiden. Zusammen mit dem Essig, den Nelken, Pfefferkörnern, Senfkörnern, Zucker und Salz in einen Topf geben und zum Kochen bringen. Einige Minuten garen.

3 Die Tomaten und Frühlingszwiebeln in sterilisierte Gläser füllen. Den heißen Sud durch ein Sieb darüber gießen. Die Gläser fest verschließen und abkühlen lassen.

Zubereitungszeit: 30 Minuten
Brennwert pro Liter: 895 kcal/3759 kJ

Unser Tipp

Süßsaure Ingwer-Tomaten sind eine würzige Beilage zu Fleisch- und Fischgerichten. Sie schmecken köstlich zu Gerichten aus dem Wok und überhaupt zu allen asiatischen Gerichten, die in letzter Zeit auch bei uns sehr beliebt geworden sind. Der Ingwer bringt seine Frische und Schärfe ein und passt hervorragend zu dem süßsäuerlichen Fruchtgeschmack der kleinen Kirchtomaten.
Solange das Glas ungeöffnet ist, sind die Tomaten kühl gelagert vier bis sechs Wochen haltbar. Nach dem Öffnen in den Kühlschrank stellen und in ein bis zwei Tagen verbrauchen.

Tomaten-Apfel-Chutney

Ergibt einen Liter

**1 kg Tomaten • 1 kg säuerliche Äpfel • 2 Zwiebeln
1 Stück frischer Ingwer (ca. 1 cm) • 600 ml Weißweinessig
200 g brauner Zucker • 1 gestr. EL Salz • 1 TL Pfefferkörner**

1 Die Tomaten häuten, von Stielansätzen und Kernen befreien. Das Frucht-fleisch grob würfeln. Die Äpfel schälen, Kerngehäuse entfernen und das Fruchtfleisch in feine Scheiben schneiden. Die Zwiebeln abziehen und in fei-ne Ringe schneiden. Den Ingwer schälen und durch eine Knoblauchpresse in einen großen Topf drücken.

2 Tomaten- und Apfelstückchen dazugeben und alles zum Kochen bringen. Das Chutney bei schwacher Hitze unter häufigem Umrühren 60 bis 70 Minu-ten garen, bis es eine dicke Masse bildet.

3 Abkühlen lassen und in sterilisierte, nicht zu große Gläser (Marmeladenglä-ser) füllen. Fest verschließen und kühl lagern.

Zubereitungszeit: 120 Minuten
Brennwert pro Liter: 1550 kcal/6510 kJ

Unser Tipp

Füllen Sie das Chutney bis etwa einen Zentimeter unter den Glasrand ein, ver-schließen Sie die Gläser und lagern sie auf dem Kopf stehend in einem kühlen und dunklen Raum. Das Chutney entfaltet erst nach drei bis vier Wochen sein volles Aroma und hält sich ungeöffnet mehrere Monate.
Das Tomaten-Apfel-Chutney passt gut zu asiatischen Gerichten mit Reis und/oder Geflügel.
Es ist eine wunderbare Beigabe zu kurz gebratenem Schweine- oder Puten-fleisch, schmeckt gut zu Gegrilltem und zum Fondue. Hübsch verpackte Gläser sind auch ein schönes Mitbringsel.

Über dieses Buch

Die Autorin

Monika Judä studierte Ökotrophologie in Weihenstephan bei München und bildete sich zur Fachredakteurin weiter. Seit vielen Jahren veröffentlicht sie Kochbücher, publiziert als Wissenschaftsautorin mit den Themenschwerpunkten Ernährung und Gesundheit in Fachzeitschriften und unterrichtet Ernährungslehre an der Berufsfachschule.

Die Fotografin

Helga Florian ist ausgebildete Fotografin und hat sich auf die Bereiche Food, Werbung und Digitale Bildbearbeitung spezialisiert.

Haftungsausschluss

Die Inhalte dieses Buches sind sorgfältig recherchiert und erarbeitet worden. Dennoch kann weder die Autorin noch der Verlag für die Angaben in diesem Buch eine Haftung übernehmen.

Bildnachweis

Alle Fotos: Helga Florian, Weiden/München
Food-Stylist: Alexander Lutz
Außer: S. 20 StockFood (Johns)

Danksagung

Recht herzlich bedanken möchten wir uns bei den Firmen Bauscher Hotelporzellan – BHS Tabletop AG, Weiden i.d. Opf. und Nachtmann Bleikristall GmbH, Neustadt an der Waldnaab, die uns freundlicherweise Requisiten für die Produktion zur Verfügung gestellt haben.

Impressum

Es ist nicht gestattet, Abbildungen und Texte dieses Buches zu digitalisieren, auf PCs oder CDs zu speichern oder Auf PC/Computern zu verändern oder einzeln oder zusammen mit anderen Bildvorlagen/Texten zu manipulieren, es sei denn mit schriftlicher Genehmigung des Verlages.

Weltbild Buchverlag
-Originalausgaben-
© 2002 Verlagsgruppe
Weltbild GmbH, Steinerne Furt 67,
86167 Augsburg
Alle Rechte vorbehalten

Projektleitung:
Dr. Ulrike Strerath-Bolz
Redaktion:
Anna-Andrea Cavelius
Bildredaktion: Susanne Allende
*Umschlaggestaltung und
Innenlayout:* X-design, München
Titelfoto: StockFood, München: S & P Eising
Satz: Fischer's DTP-Studio, München
Reproduktion:
Repro Mayr, Donauwörth
Druck und Bindung:
Offizin Andersen Nexö Leipzig GmbH, Spenglerallee 26-30, 04442 Zwenkau

Gedruckt auf chlorfrei gebleichtem Papier

Printed in Germany

ISBN 3-89604-352-8

Stichwortverzeichnis

Die kursiv gedruckten Angaben beziehen sich auf die Rezepte

Umrechentabelle Backtemperaturen

Backtemperaturen		
Elektroherd (Ober-/Unterhitze)	Elektroherd (Umluft)	Gasherd
140 °C	120 °C	0–1
150 °C	130 °C	1
160 °C	140 °C	1–2
170 °C	150 °C	2
180 °C	160 °C	2–3
190 °C	170 °C	3
200 °C	180 °C	3–4
210 °C	190 °C	4
220 °C	200 °C	4–5
230 °C	210 °C	5
240 °C	220 °C	5–6
250 °C	230 °C	6

Von A bis G

Von G bis Z

96